チャンク で攻略

中国語
速読速解
トレーニング

髙田裕子 著

大修館書店

は じ め に

　本書のメインテーマは「チャンク単位で速く正確に中国語を理解する」です。

　自力で読解をするには、文法知識を詰め込むよりも、述語となる動詞/形容詞と連体修飾語の確認を優先し、チャンク単位で意味を把握するトレーニングを重ねることが最も有効だと考えます。

　ネット上のさまざまな記事やニュースなどを読むのは、日常的なことですし、私たちにとって必要不可欠なスキルです。
　学習者でしたら、HSKや中国語検定試験などの長文読解問題に取り組むでしょうし、社会人はビジネスレターに目を通したり、中国語の資料を読む必要に迫られることもあると思います。

　読んで理解するには、単語や文法を知る必要があります。しかし、実際のところ、中国語の全ての単語が分かり、文法も完全に把握できるというのはなかなかむずかしいことです。また、時間がない時、試験問題に取り組む時などは、辞書を引くこともできません。
　そんな時に「困った……」と頭を抱えるのではなく、とにかく先へ読み進め、大意をつかみ、全体を理解するための方法を紹介したいと思います。

　実際にチャンク単位で読むトレーニングを始めると、「おや、中国語の構造って案外シンプルで分かりやすいな」と感じられると思います。本書でトレーニングを積み、HSKや中国語検定の対策はもちろん、どのような中国語を読む際にも通用するスキルを習得してください。

本書の使い方

　本書は中国語の長文を"効率的に"読解できるよう工夫されています。

　チャンク（＝意味のかたまり）単位で意味をとらえ、速く正確に読めるようトレーニングを重ねていきましょう。

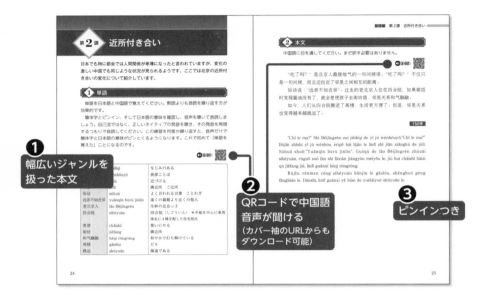

トレーニングのしかた

❶単語を日本語と中国語で覚える

❷単語の音声を聞いて音読する

❸中国語の本文に目を通し、音声を聞く

❹チャンクに改行した本文にしるしを入れる

❺分析例と解説を確認する

❻チャンクごとに直訳する

❼巻末の翻訳例と解説をチェック

❽本文の音読練習をする

❾(基礎編) 練習問題を解く／(応用編) 要約練習をする

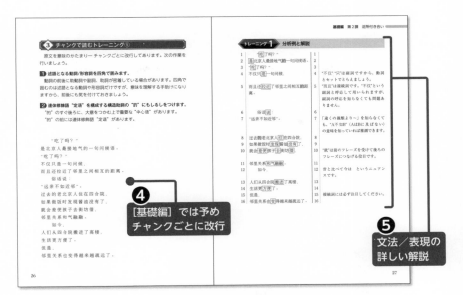
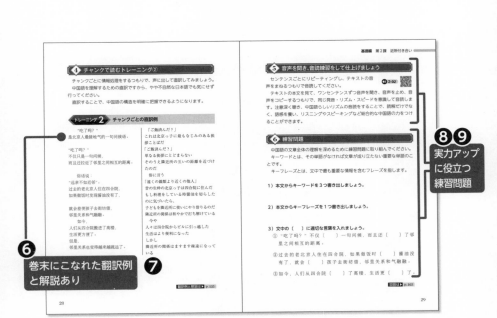

目 次

基礎編（第1課〜第7課）のトレーニング内容

❶単語
❷本文
❸チャンクで読むトレーニング①
　分析例と解説
❹チャンクで読むトレーニング②
　チャンクごとの直訳例
❺音声を聞きながら音読
❻練習問題（キーワード・キーフ
　レーズ探し、穴埋め）

応用編（第8課～第14課）のトレーニング内容

❶単語　　　　　　　　　　❹音声を聞きながら音読
❷本文をチャンクで読む　　❺練習問題（要約）
❸分析例と解説

〈写真／イラスト〉
　　p.11　　RimmaZ / Shutterstock
　　p.33　　Michel Legault / Shutterstock
　　p.61　　Sharptoyou / Shutterstock
　　p.69　　Joseph GTK / Shutterstock
　　p.100　Alexandr Bognat / Shutterstock
　　p.117　06photo / Shutterstock

チャンク で攻略

中国語
速読速解

トレーニング

読解のポイント

中国語は、述語となる動詞/形容詞及び連体修飾語に注目し、チャンク単位で読み進めるのが合理的な方法です。その理由を次に説明しましょう。

チャンクとは？

チャンクとは、主にカンマ"逗号 ，"や句点"句号 。"で区切られる**意味のかたまり**のことです。

チャンクに注目する理由

1 意味を容易に把握できる

1文単位での読解は時に苦戦することもあるかもしれませんが、チャンク単位で文を見ますと、文字数が少なくなることもあり、意味を把握するのはそれほど難しくありません。

2 漢字のプレッシャーが軽減され前向きに取り組める

言うまでもなく中国語は漢字だけで書かれていますから、中国語の文を見ただけでプレッシャーを感じる人も少なくないでしょう。しかし、チャンク単位で読めば文字数が少ないため、漢字から受けるプレッシャーを軽減できるというメリットがあり、「できそうだ」という前向きな気持ちで読解に取り組めるのです。

チャンクの実例

次の例でチャンクごとに読む効果を実感してください。

受非洲猪瘟等多种因素影响，猪肉价格近期居高不下。商务部副部长钱克明在 9 月29日下午的新闻发布会上表示，商务部有信心、有能力保持猪肉价格的基本稳定。

　前頁の73文字の新聞記事をチャンク単位で改行してみます。

　１文が２つの意味のかたまりに分かれました。短い箇条書きを重ねたような感じになっています。

　皆さんは、チャンクごとに直訳するつもりで目を通してみてください。

　　　受非洲猪瘟等多种因素影响，
猪肉价格近期居高不下。
商务部副部长钱克明在９月29日下午的新闻发布会上表示，
商务部有信心、有能力保持猪肉价格的基本稳定。

　"逗号　,"と"句号　。"で改行しただけですが、原文と比較しますと、一見した印象も違いますし、１行の文字数が少ないため、取り組もうという前向きな気持ちになると思います。

　読解のトレーニングには「読めそうだ」「読んでみよう」という気持ちがとても大切です。チャンク単位で意味を把握する考え方に慣れるまでは、チャンクごとに改行したスタイルでトレーニングに取り組んでください。

受非洲猪瘟等多种因素影响，	アフリカ豚コレラ等の多種類の要素の影響を受け
猪肉价格近期居高不下。 商务部副部长钱克明在９月29日下午的新闻发布会上表示， 商务部有信心、有能力保持猪肉价格的基本稳定。	豚肉価格は最近高止まりしている 中国商務部の銭克明副部長は９月29日午後の記者会見で述べた 商務部は自信と能力があり、豚肉価格の基本的安定を維持する

訳例

　アフリカ豚コレラ等のさまざまな要因により、豚肉価格は最近高止まりしている。中国商務部の銭克明副部長は９月29日午後、商務部は豚肉価格の基本的安定維持に自信と能力があると述べた。

述語となる動詞/形容詞に注目する理由

　"主谓宾"の"谓"とは「述語となる動詞/形容詞」のことです。"谓"の前には"主"（主語、主部）、"谓"の後ろには"宾"（目的語）があります。

　つまり、"主谓宾"の構文では、**"谓"「述語となる動詞/形容詞」を把握しさえすれば、自動的に主語と目的語の場所が分かります。**

例： "主"（主語、主部）　"谓"（述語となる動詞/形容詞）　"宾"（目的語）
　　　　他　　　　　　　　　　看　　　　　　　　　　　书。

＊「補語」について

　「補語」は述語となる動詞や形容詞の後ろに密着しています。また、動詞・形容詞・副詞が補語になります。したがって「どこまでが述語となる動詞か」「どれが補語か」を区別するのは、実践的な読解を進めるにあたり、あまり重要な意味を持たないとも考えられます。そこで本書では「述語となる動詞/形容詞」を確認する際、その中に補語を含めて扱うこととします。

例：

結果補語

他 听懂 了你的话。（彼はあなたの話を［聞いて］分かった）

程度補語

她们 高兴得很 。（彼女はとても嬉しい）
我 高兴极 了。（私は嬉しくてたまらない）

様態補語

你说汉语 说得很流利 。（あなたの中国語はとても流暢です）

可能補語

这个东西我一个人 搬不动 。（これは私１人では運べない）

方向補語

上课了，王老师 走进来 。（授業が始まり、王先生が入っていらした）

連体修飾語に注目する理由

連体修飾語は中国語では"定语"と言います。連体修飾語"定语"とは体言（名詞）の修飾語のことです。

中国語の連体修飾語は、ごく一部の例（"新书"、"老实人"など）を除き、後ろに構造助詞の"的"をつけて自由に名詞の修飾ができるため、頻繁に用いられます。

連体修飾語と被修飾語は"的"で結びついています。文中でより大切な意味を持つのは被修飾語"中心语"ですが、被修飾語"中心语"は必ず"的"の後ろにありますから容易に見つけられます。しかし連体修飾語はしばしば非常に長いものがあり、**どこからどこまでが連体修飾語か把握できないと、読み間違いの元**です。ですから、本書では連体修飾語に注目する必要性を強調するのです。

例　：

連体修飾語"定语"	＋	"的"	＋	被修飾語"中心语"
我		的		书
我买		的		书
我昨天买		的		书
我昨天在网络书店买		的		书

トレーニングの前に

基礎編では、本文をチャンクごとに読めるようにしてあります。
以下の点に注目し、トレーニングをスタートしましょう。

述語となる動詞/形容詞の見つけ方

まず動詞や形容詞を見つけましょう。
　動詞や形容詞を見つけるには、4つのアプローチと、2つの注意すべきポイントがあります。

1 助動詞に注目

　助動詞は動詞と結びついて、能力や可能性、意思や希望などの意味を加えます。定位置は動詞のすぐ前ですから、**助動詞の後ろには動詞がある**のです。

＊用例中の動詞を四角で囲んであります。

能力や技能	能　能够　会
	他能 吃 鱼。　（彼は魚を食べられる。）
	我会 说 英语。　（私は英語を話せる。）
可能性や 見込み	能　会　可以　可能
	今天下午会 下 雨。（今日の午後、雨が降るかもしれない。）
	这可能 是 今年最好的演讲。（これは今年最高のスピーチだろう。）
(道理上) 〜しなければ ならない	应该　应当　该　要
	学生应该 学 什么？（学生は何を学ぶべきか。）
	蔬菜要 洗 干净。（野菜はきれいに洗わなくてはならない。）
(必要性から) 〜しなければ ならない	必须　得
	我们必须 降低 碳排放。（我々は温室効果ガス排出を減らさねばならない。）
	我得 坐 末班车。（私は終電に乗らなければならない。）
(主観的に) 〜したい	要　想　愿意　敢　肯
	你愿意 去 太空吗？（宇宙に行きたいですか。）
	她不敢 相信 自己的眼睛。（彼女は自分の目を信じられない→彼女 は自分の目を疑った。）

2 "地""得"に注目

①形容詞　＋"地"＋　動詞

"地"は主に動詞の前に置き、動詞を修飾し、動詞の具体的な程度や状況を表すために用いられる構造助詞です。

つまり、**構造助詞"地"の後ろには動詞がある**のです。

他	早早	**地**	来	了。	（彼は早々と来た。）
他	慢慢	**地**	说	。	（彼はゆっくりと話す。）
他	认真	**地**	学习	。	（彼はまじめに勉強する。）
他	飞快	**地**	跑	。	（彼は飛ぶように速く走る。）

②動詞　＋"得"＋　形容詞

"得"は動詞のあとに置き、動作などを補足説明します。動作や行為が具体的にどの程度なのか、どのような様子なのかを表す構造助詞です。

つまり、**構造助詞"得"の前には動詞がある**のです。

| 我 | 吃 | **得** | 很饱。 | （私はおなかいっぱい食べた。） |
| 你 | 说 | **得** | 太快。 | （君は話すのが速すぎる。） |

3 "了""着""过"に注目

"了""着""过"は動作や行為の状態などに関する意味を付け加える助詞です。これらの定位置は動詞のすぐ後ろですから、**"了""着""过"の前には動詞があります。**

他	说	**了**	。	（彼は言った。）
爸爸	看	**着**	报纸。	（お父さんは新聞を読んでいる。）
小李	去	**过**	日本。	（李さんは日本へ行ったことがある。）

4 副詞に注目

副詞は動詞や形容詞を修飾する働きをし、定位置は動詞や形容詞の前ですから、副詞の後ろには必ず動詞や形容詞があります。

中国語の副詞の種類は非常に多いのですが、ここではよく用いられる副詞

を紹介しておきます。

・「程度」を表す	"很"（とても～）
・「時間の経過」を表す	"已经"（既に～、もう）
・「否定」を表す	"不"（～しない、NO） "没有"（～しない、NO、～しなかった）
・「頻度」を表す	"又"（また） "再"（また／もっと、更に）
・「語気」を強める	"又"（また） "终于"（ついに、とうとう）
・「動作の及ぶ範囲」を示す	"都"（全部、みな／もう、すでに）
・「推測」を表す	"大概"（たぶん、おそらく）

5 「受身文」「使役文」のマークをチェック

　"被""叫""让"を見ると受身文を、"请""使""令""让""叫"を見れば使役文を連想するでしょう。

　これらの品詞は"介词"ですが「受身文・使役文のマーク」と考えると理解しやすいと思います。"被""叫""让"／"请""使""令""让""叫"などのマークの後には動詞があります。

　「受身文・使役文のマーク」と動詞の両方にしるしをつけるとスムーズに理解できます。

【受身文の例】

・她 被 坏人 欺骗 了。	（彼女は悪い人に騙された）
・我的雨伞 被 风 刮跑 了。	（私の傘は風に吹き飛ばされた）
・我 让 他 住 在楼下。	（私は彼を階下に住まわせた）

【使役文の例】

・他 |请| 张老师来 |演讲|。　　　　　（彼は張先生にスピーチをお願いした）

・此次失败 |使| 我 |失去了| 信心。　　　（今回の失敗で私は自信をなくした）

・她的好学精神实在 |令| 人 |佩服|。　　（彼女の向学心には本当に敬服する）

・公司 |让| 我 |负责| 新项目。　　　　（会社は私に新プロジェクトをまかせた）

・我 |叫| 他 |去买| 牛奶。　　　　　　（私は彼に牛乳を買って来させた）

＊ "被" は助詞に分類されることもありますが、その場合も「受身文のマーク」であることに変わりはありません。

⑥ 述語にならない動詞/形容詞

　連体修飾語に含まれる動詞や形容詞は、述語となる動詞/形容詞ではないことに注意しましょう。

・二战后第一次婴儿潮时 |出生| 的 "团块世代" 相继 |达到| 75岁。

　（第二次世界大戦後の第1次ベビーブームで生まれた「団塊の世代」が次々と75歳を迎えている。）

　この文の動詞は "出生" と "达到" です。"出生" は連体修飾語の中に含まれていますので、述語動詞ではありません。この文の述語動詞は "达到" です。

・目前汽车芯片 |短缺| 的主要原因 |是| 晶圆产能 |不足|。

　（現在自動車用チップが足りない主な原因は、ウエハの生産能力不足である。）

　この文の動詞は "短缺" と "是" であり、形容詞は "不足" です。そのうち、"短缺" は連体修飾語の中に含まれていますので、述語動詞ではありません。

　"是" はどうでしょうか？その前のフレーズの中心語 "主要原因" という名詞の後ろにありますから、「～は……である」という述語動詞と推測できます。

　"是" の後ろは主語＋形容詞のフレーズだと分かりますから、このフレーズが目的語にあたり、"不足" は述語形容詞ではありません。

　よって、この文の述語動詞は "是" です。

連体修飾語 "定语" の見つけ方

連体修飾語 "定语" は、構造助詞 "的" で被修飾語 "中心语" と結びついています。

> "定语" ＋ "的" ＋ **名詞**

連体修飾語 "定语" が形容詞や名詞の場合は、容易に分かります。基本的には "的" の前を見れば良いのです。

漂亮的衣服 　　　（すてきな服）
来的人 　　　　　（来る／来た人）

しかし次のような場合はどうでしょうか。

这是目前和今后一个时期全国大气污染防治工作的行动指南。

"的" は１か所しかありませんから、被修飾語 "中心语" は "行动指南" だとすぐわかるでしょう。

連体修飾語 "定语" は "的" の前にありますが、どこからどこまでか分かりますか？

"目前和今后一个时期全国大气污染防治工作" が連体修飾語です。なんと19文字もあります。**連体修飾語 "定语" が長いフレーズの場合もある**ことを忘れないで下さい。

```
这      是      目前和今后一个时期全国大气污染防治工作  的   行动指南。

主語  述語動詞          連体修飾語                    被修飾語
                  └─────────── 目的語 ───────────┘

（これは現在と今後一時期の全国大気汚染対策の行動指針である）
```

次の例もよく見られる連体修飾語の形です。

　　从国外进口 的 教学用 的 录音设备

"的"が２か所あります。ということは被修飾語も２つあるのでしょうか？
いいえ、違います。被修飾語は２つ目の"的"の後ろにある"录音设备"です。

从国外进口　　 的 　教学用　　 的 　　　　　录音设备
　　　　　　連体修飾語　　　　　　　　　　　**被修飾語**
（外国から輸入した教育用の録音設備）

文章記号の意味を理解する

中国語の文章記号"标点符号"は文法知識と同じくらい重要です。

　下表で読解する上において特に大切な文章記号を紹介します。どれも見たことがあると思いますが、あいまいな理解では読解の役に立ちませんから、ここでしっかり確認してください。

、	頓号	並列関係を示し、複数の事柄を列挙する場合に用います。 日本語の読点と形が同じですので混同しないように注意してください。
，	逗号	文の途中の意味の区切りを示します。 "頓号"と混同しないように気を付けましょう。
。	句号	文の終わりを示します。
" "	双引号	以下の5つの用法があります。 1）他人の話した内容を直接引用する際に用いるほか、格言・詩・オノマトペ・音訳語を示す。 2）特別な意味や概念を含む言葉を示す。 3）意味を強調する。 4）特定の名称や呼称 ―― 特徴のある名称・略称・専門用語・記念日等を示す。 5）皮肉や風刺を示す。
≪ ≫	书名号	書籍名の他に、雑誌・新聞の名称、歌や映画など作品のタイトル、法律や文章のテーマなどを示します。
；	分号	文の中で"逗号"よりも大きな区切りを示します。 主に複文の並列したフレーズの区切りに用いられますが、それ以外にも進行形・逆説・因果関係・仮定の関係にある複文のフレーズを区切る際にも使われます。 "分号"で区切られたフレーズは、それぞれ独立しつつも、密接な関連性があります。
：	冒号	読み手の注意を引きつける言葉（フレーズ）の前に用いて、"冒号"の後に続くフレーズのヒントを示します。 また、注意を引きつける言葉（フレーズ）の後ろに用い、"冒号"の前の内容の要約を示すこともあります。

書き言葉を覚える

　書き言葉は"书面语"と言います。これまで会話中心の中国語を学んできた人にはあまりなじみがないかもしれませんが、それほど多くありませんので覚えてしまいましょう。

品詞	話し言葉"口语"	書き言葉"书面语"
動詞	没有 还没有 帮助 超过 说、叫 叫做 说 是	无 未 助 逾 称 称为 曰、说道、道 为
助動詞	可以 应该 不要	可 应、该 勿、毋
副詞	都 非常 仍然 已经 只 也 比较 快要、就要 就是	均、皆 极为 仍 已 仅 亦 较 将 即、则、便是
接続詞	因为 所以 但是 而且 如果	因 故 但 且 若、如
前置詞"介词"	按照 根据 和 在 把 到	按 据 与、同、及、以及 于 将 至
名詞　疑問詞　他	时候 这 这里 哪里 什么时候 为什么 在哪里 怎么、怎么样	时 此 此处 何处 何时、几时 为何 何在 如何

中国語の基本構造を確認する

　中級学習者であれば、中国語の基本的な構造や品詞については、ずいぶん前に学習済みだと思います。非常に基本的なことですが、案外忘れかけていたり、あいまいな理解のままという人も少なくありません。

　文法知識を増やすよりも、基本をしっかり確認しておく方が実践では役に立ちます。

　ここで、ごく大まかですが、基本を復習しておきましょう。

　まず、中国語を構成する主な要素を確認します。

3大要素	主語 "主语"	述語 "谓语"	目的語 "宾语"
その他の3要素	連体修飾語 "定语"	連用修飾語 "状语"	補語 "补语"

　中国語の基本的な構造は「主語＋述語となる動詞/形容詞＋目的語」です。これまでさまざまな構文を学んできたと思いますが、最も頻繁に用いられるのは "主谓宾" の構文です。

　各要素にはどのような品詞が当てはまるのか確認してください。

主語 "主语"	名詞・代名詞・数詞・フレーズなどです。
述語 "谓语"	主に動詞と形容詞です（名詞が述語となる文もあります）。
目的語 "宾语"	名詞・代名詞・数詞・フレーズなどです。
連体修飾語 "定语"	名詞や形容詞、フレーズなどです。
連用修飾語 "状语"	動詞や形容詞を修飾します。
補語 "补语"	動詞や形容詞の後ろに置き、その意味を補う成分です。

品詞を理解し意識する

品詞は文法と密接な関係にありますのに、なぜかおろそかにされがちです。

名詞や動詞はよく知っていると思いますが、中国語の動詞には名詞としても使われる「兼語」が多いことや、動詞と密着している副詞や助詞についてはあまり知らない、意識しないという人も多いのではないでしょうか。

ここでは特に**読解の鍵となる品詞**を復習し確認しましょう。

話し言葉でよく用いられる単語のほかに、書き言葉で用いられる単語も覚える必要があります。

品詞の名称			例
具体的な意味を持つ　実詞	動詞	動作や行動	说　笑　写　看　走　旅游　上班　加班　聊天　…
		進展・変化の動き	增加　减少　扩大　提高　发现　降低　发明　出现　…
		心理・気持ち	爱　恨　喜欢　讨厌　嫉妒　敬佩　重视　…
		方向を示す動き	上　下　去　来　进　出　…
		判断	是
	助動詞	能力や技能	能　能够　会
		可能性や見込み	能　会　可以　可能
		（道理上）〜しなければならない	应该　应当　该　要
		（必要性から）〜しなければならない	必须　得
		（主観的に）〜したい	要　想　愿意　敢　肯
	形容詞	形を示す	高　低　长　短　大　小　…
		性質を示す	好　坏　美丽　聪明　干净　…
		状態を示す	快　慢　谨慎　愉快　慌张　…
		色を示す	红　黄　蓝　绿　洁白　…
	動詞兼名詞		关系　建设　学习　成功　帮助　理解

文の構成を助ける　虚词	副詞	程度を表す	很　非常　特別　极　更　最　太　十分 其　格外　分外　更加　越　越发 有点儿　稍　稍微　几乎　略微　过于 尤其　…
		時間を表す	刚刚　刚　已经　已　立刻　马上　忽然 曾经　曾　才　刚刚　正在　正在　将 将要　就　就要　顿时　终于　常　常常 时常　时时　往往　渐渐　早晚　从来 终于　一向　向来　从来　总是　始终 赶紧　仍然　还是　屡次　依然 重新　还　再　再三　偶尔　…
		肯定・否定を表す	不　别　不用（甭）　没有　没　必 必须　必定　准　的确　未　莫　勿 是否　不必　不曾　…
		頻度を表す	经常　偶然　又　再
		語気を表す	可　究竟　到底　总算
		行動範囲を表す	都　只　也　一共　共　一起　总　总共 统统　仅仅　单　净　光　一齐　一概 一律　单单就
		推測を表す	大概　也许
	助詞	文法関係を表す	的　地　得
		動作の状態を表す	了　着　过
		語気を表す	吗　吧　呢　了　啊　呀

基礎編

愛すべきペット

ペットブームはとどまるところを知らないようです。珍しい小動物をペットにする人もいると聞きますが、最もポピュラーなのはやはり犬や猫でしょう。どんなにいたずらをして飼い主を困らせても、愛さずにはいられない対象です。

1　単語

　単語を日本語と中国語で覚えてください。黙読よりも音読を繰り返す方が効果的です。

　簡体字とピンイン、そして日本語の意味を確認し、音声を聴いて音読しましょう。自己流ではなく、正しいネイティブの発音を聴き、その発音を再現するつもりで音読してください。この練習を何度か繰り返すと、音声だけで簡体字と日本語の意味がピンとくるようになります。これで初めて「単語を覚えた」ことになるのです。

 1-01

安东尼	Āndōngní	アンソニー（ここでは犬の名）
金毛寻回犬	Jīnmáoxúnhuíquǎn	ゴールデンレトリーバー
机灵	jīling	賢い
活泼	huópo	活発な
叼	diāo	加える
找	zhǎo	（目的があり、その目的を実現してくれる人を）訪ねる
喂饭	wèi fàn	ご飯を食べさせる
无聊	wúliáo	退屈だ
衔	xián	口にくわえる
遛狗绳	liùgǒushéng	犬の引き綱　リード
拽	zhuài	引っ張る
摔个趔趄	shuāi ge lièqie	よろけて転ぶ
孤单	gūdān	孤独である
咬坏	yǎohuài	かじって壊す

本文

中国語に目を通してください。まだ訳す必要はありません。

1-02

　　安东尼是一只两岁大的金毛寻回犬，机灵活泼。它饿了会自己叼着碗来找人喂饭，无聊了会自己衔着遛狗绳来找人散步。在外面散步看到小猫就会上去追，拽都拽不动，甚至能把人摔个趔趄。主人上班时，安东尼会感到孤单，会喜欢玩主人的鞋子，这可能是因为鞋子里有浓郁的主人味道吧。据不完全统计，安东尼至今已经咬坏两双鞋子了。

＊“玩”…音読する際は通常“儿化”し、“玩儿”となります。

150字

　　Āndōngní shì yīzhǐ liǎngsuì dà de Jīnmáoxúnhuíquǎn, jīling huópo. Tā èle huì zìjǐ diāozhe wǎn lái zhǎorén wèifàn, wúliáo le huì zìjǐ xián zhe liùgǒushéng lái zhǎorén sànbù. Zài wàimiàn sànbù kàndào xiǎomāo jiù huì shàngqù zhuī, zhuài dōu zhuàibudòng, shènzhì néng bǎ rén shuāi ge lièqie. Zhǔrén shàngbān shí, Āndōngní huì gǎndào gūdān, huì xǐhuān wán zhǔrén de xiézi, zhè kěnéng shì yīnwèi xiézi li yǒu nóngyù de zhǔrén wèidào ba. Jù bù wánquán tǒngjì, Āndōngní zhìjīn yǐjīng yǎohuài liǎng shuāng xiézi le.

原文を意味のかたまり― チャンクごとに改行してあります。次の作業を
行いましょう。

1 述語となる動詞/形容詞を四角で囲みます。

動詞の前後に助動詞や副詞、助詞が密着している場合があります。四角で
囲むのは述語となる動詞や形容詞だけですが、意味を理解する手助けになり
ますから、前後にも気を付けておきましょう。

2 連体修飾語 "定语" を構成する構造助詞の "的" にもしるしをつけます。

"的" のすぐ後ろに、大意をつかむ上で重要な "中心语" があります。

"的" の前には連体修飾語 "定语" があります。

　　　　安东尼是一只两岁大的金毛寻回犬，
机灵活泼。
它饿了会自己叼着碗来找人喂饭，
无聊了会自己衔着遛狗绳来找人散步。
在外面散步看到小猫就会上去追，
拽都拽不动，
甚至能把人摔个趔趄。
主人上班时，
安东尼会感到孤单，
会喜欢玩主人的鞋子，
这可能是因为鞋子里有浓郁的主人味道吧。
据不完全统计，
安东尼至今已经咬坏两双鞋子了。

トレーニング **1**　分析例と解説

1	安东尼 是 一只两岁 大的 金毛寻回犬，	1	固有名詞を知らなくても、AはBですから犬だと推測できます。"大"は、2歳という年齢を指します。
2	机灵活泼 。	2	
3	它 饿 了会自己 叼 着碗来 找 人喂饭，	3	動物や物は "它" で表します。 "找" は「探す」という意味だけではありません。
4	无聊 了会自己 衔 着遛狗绳来 找 人散步。	4	
5	在外面 散步 看到 小猫就会 上去 追 ，	5	"就" は前のフレーズを受けて後ろにつなげます。 "上去" は「上の方向に行く」「向かって行く」の意。
6	拽 都 拽不动 ，	6	
7	甚至能把人 摔 个趔趄。	7	"摔" が動詞で "趔趄"（名詞用法）が目的語です。"个" は助数詞ですが、ここでは軽いニュアンスを示します。
8	主人上班时，	8	
9	安东尼会 感到 孤单 ，	9	
10	会 喜欢 玩 主人的 鞋子，	10	
11	这可能是因为鞋子里 有 浓郁的主人味道吧。	11	"因为" は「原因や理由を示すフレーズが後ろにくる」と理解しましょう。 "味道" は「味、風味」という意味だけではありません。
12	据不完全统计，	12	"据" ＝ "根据"
13	安东尼至今已经 咬坏 两双鞋子了。	13	"咬" は「かむ、かじる」、"坏" は「壊れる」

チャンクごとに情報処理をするつもりで、声に出して直訳してみましょう。

中国語を理解するための直訳ですから、やや不自然な日本語でも気にせず行ってください。

直訳することで、中国語の構造を明確に把握できるようになります。

トレーニング 2 チャンクごとの直訳例

安东尼是一只两岁大的金毛寻回犬，	アンソニーは1匹の2歳のゴールデンレトリーバーだ
机灵活泼。	賢く活発だ
它饿了会自己叼着碗来找人喂饭，	彼はお腹がすくと自分でボウルをくわえ誰かを見つけご飯を食べさせてもらう
无聊了会自己衔着遛狗绳来找人散步。	退屈すると自分でリードをくわえ誰かを見つけ散歩に連れていってもらう
在外面散步看到小猫就会上去追，	外で散歩をしていて子猫を見つけると向かって行き、追う
拽都拽不动，	引っ張っても止められない
甚至能把人摔个趔趄。	さらには人をよろけさせ転ばせる
主人上班时，	ご主人が出勤する時
安东尼会感到孤单，	アンソニーは孤独を感じる
会喜欢玩主人的鞋子，	ご主人の靴で遊ぶのが好きだ
这可能是因为鞋子里有浓郁的主人味道吧。	これは靴に濃いご主人のにおいがあるためだろう
据不完全统计，	不完全な統計によると
安东尼至今已经咬坏两双鞋子了。	アンソニーはこれまで2足の靴をかじってこわした

翻訳例と解説は ▶ p.134

5 音声を聞き、音読練習をして仕上げましょう

　センテンスごとにリピーティングし、テキストの音声をまねるつもりで音読してください。

　テキストの本文を見て、ワンセンテンスずつ音声を聞き、音声を止め、音声をコピーするつもりで、同じ発音・リズム・スピードを意識して音読します。自己流の音読をいくら続けても、中国語らしく読むことはできません。

　注意深く聴き、中国語らしいリズムの音読をすることで、読解だけでなく、語感を養い、リスニングやスピーキングなど総合的な中国語の力をつけることができます。

6 練習問題

　中国語の文章全体の理解を深めるために練習問題に取り組んでください。

　キーワードとは、その単語がなければ文章が成り立たない重要な単語のことです。

　キーフレーズとは、文中で最も重要な情報を含むフレーズを指します。

1）本文からキーワードを3つ書き出しましょう。

2）本文からキーフレーズを1つ書き出しましょう。

3）文中の〔　　〕に適切な言葉を入れましょう。

①它〔　　〕会自己叼着碗来找人喂饭,〔　　〕会自己衔着遛狗绳来找人散步。

②主人上班时,安东尼会〔　　〕孤单,会喜欢〔　　〕主人的鞋子,这可能是因为鞋子里有浓郁的主人味道吧。

③安东尼至今已经〔　　〕两双鞋子了。

回答は ▶ p.163

23

日本でも特に都会では人間関係が希薄になったと言われていますが、変化の激しい中国でも同じような状況が見られるようです。ここでは北京の近所付き合いの変化について紹介しています。

1 単語

　単語を日本語と中国語で覚えてください。黙読よりも音読を繰り返す方が効果的です。

　簡体字とピンイン、そして日本語の意味を確認し、音声を聴いて音読しましょう。自己流ではなく、正しいネイティブの発音を聴き、その発音を再現するつもりで音読してください。この練習を何度か繰り返すと、音声だけで簡体字と日本語の意味がピンとくるようになります。これで初めて「単語を覚えた」ことになるのです。

 2-01

接地气	jiēdìqì	なじみのある
问候语	wènhòuyǔ	挨拶ことば
拉近	lājìn	近づける
邻里	línlǐ	隣近所　ご近所
俗话	súhuà	よく言われる言葉　ことわざ
远亲不如近邻	yuǎnqīn bùrú jìnlín	遠くの親類より近くの他人
老北京人	lǎo Běijīngrén	生粋の北京っ子
四合院	sìhéyuàn	四合院（しごういん）＊中庭を中心に東西南北に4棟を配した住宅形式
差使	chāishǐ	使いにやる
街坊	jiēfang	隣近所
和气融融	héqì róngróng	和やかで打ち解けている
高楼	gāolóu	ビル
疏远	shūyuǎn	疎遠である

② 本文

中国語に目を通してください。まだ訳す必要はありません。

 2-02

　　"吃了吗？" 是北京人最接地气的一句问候语。"吃了吗？" 不仅只是一句问候，而且还拉近了邻里之间相互的距离。

　　俗话说："远亲不如近邻"。过去的老北京人住在四合院，如果做饭时发现酱油没有了，就会差使孩子去街坊借，邻里关系和气融融。

　　如今，人们从四合院搬进了高楼，生活更方便了。但是，邻里关系也变得越来越疏远了。

150字

　　"Chī le ma?" Shì Běijīngrén zuì jiēdìqì de yī jù wènhòuyǔ."Chī le ma?" Bùjǐn zhǐshì yī jù wènhòu, érqiě hái lājìn le línlǐ zhī jiān xiānghù de jùlí. Súhuà shuō:"Yuǎnqīn bùrú jìnlín". Guòqù de lǎo Běijīngrén zhùzài sìhéyuàn, rúguǒ zuò fàn shí fāxiàn jiàngyóu méiyǒu le, jiù huì chāishǐ háizi qù jiēfang jiè, línlǐ guānxì héqì róngróng.

　　Rújīn, rénmen cóng sìhéyuàn bānjìn le gāolóu, shēnghuó gèng fāngbiàn le. Dànshì, línlǐ guānxì yě biàn de yuèláiyuè shūyuǎn le.

　原文を意味のかたまり― チャンクごとに改行してあります。次の作業を行いましょう。

1 述語となる動詞/形容詞を四角で囲みます。

　動詞の前後に助動詞や副詞、助詞が密着している場合があります。四角で囲むのは述語となる動詞や形容詞だけですが、意味を理解する手助けになりますから、前後にも気を付けておきましょう。

2 連体修飾語"定語"を構成する構造助詞の"的"にもしるしをつけます。

　"的"のすぐ後ろに、大意をつかむ上で重要な"中心語"があります。

　"的"の前には連体修飾語"定語"があります。

　　　"吃了吗？"

是北京人最接地气的一句问候语。

"吃了吗？"

不仅只是一句问候，

而且还拉近了邻里之间相互的距离。

　　　俗话说：

"远亲不如近邻"。

过去的老北京人住在四合院，

如果做饭时发现酱油没有了，

就会差使孩子去街坊借，

邻里关系和气融融。

　　　如今，

人们从四合院搬进了高楼，

生活更方便了。

但是，

邻里关系也变得越来越疏远了。

トレーニング **1**　分析例と解説

1	"吃了吗？"	1	
2	是北京人最接地气的一句问候语。	2	
3	"吃了吗？"	3	
4	不仅只是一句问候，	4	"不仅" "只"は副詞ですから、動詞とセットでとらえましょう。
5	而且还拉近了邻里之间相互的距离。	5	"而且"は接続詞です。"不仅"という副詞と呼応して用いられますが、副詞の呼応を知らなくても問題ありません。
6	俗话说：	6	
7	"远亲不如近邻"。	7	「遠くの親類より～」を知らなくても、"A不如B"（AはBに及ばない）の意味を知っていれば推測できます。
8	过去的老北京人住在四合院，	8	
9	如果做饭时发现酱油没有了，	9	
10	就会差使孩子去街坊借，	10	"就"は前のフレーズを受けて後ろのフレーズにつなげる役目です。
11	邻里关系和气融融。	11	
12	如今，	12	昔と比べて今は　というニュアンスです。
13	人们从四合院搬进了高楼，	13	
14	生活更方便了，	14	
15	但是，	15	接続詞には必ず注目してください。
16	邻里关系也变得越来越疏远了。	16	

　チャンクごとに情報処理をするつもりで、声に出して直訳してみましょう。

　中国語を理解するための直訳ですから、やや不自然な日本語でも気にせず行ってください。

　直訳することで、中国語の構造を明確に把握できるようになります。

トレーニング**2**　チャンクごとの直訳例

"吃了吗？"	「ご飯済んだ？」
是北京人最接地气的一句问候语。	これは北京っ子に最もなじみのある挨拶ことばだ
"吃了吗？"	「ご飯済んだ？」
不仅只是一句问候，	単なる挨拶にとどまらない
而且还拉近了邻里之间相互的距离。	そのうえ隣近所の互いの距離を近づけたのだ
俗话说：	俗に言う
"远亲不如近邻"。	「遠くの親類より近くの他人」
过去的老北京人住在四合院，	昔の生粋の北京っ子は四合院に住んだ
如果做饭时发现酱油没有了，	もし料理をしている時醤油を切らしたのに気づいたら、
就会差使孩子去街坊借，	子どもを隣近所に使いにやり借りるのだ
邻里关系和气融融。	隣近所の関係は和やかで打ち解けている
如今，	今や
人们从四合院搬进了高楼，	人々は四合院からビルに引っ越した
生活更方便了。	生活はより便利になった
但是，	しかし
邻里关系也变得越来越疏远了。	隣近所の関係はますます疎遠になっている

翻訳例と解説は ▶ p.135

28

5　音声を聞き、音読練習をして仕上げましょう

　センテンスごとにリピーティングし、テキストの音
声をまねるつもりで音読してください。

　テキストの本文を見て、ワンセンテンスずつ音声を聞き、音声を止め、音
声をコピーするつもりで、同じ発音・リズム・スピードを意識して音読しま
す。注意深く聴き、中国語らしいリズムの音読をすることで、読解だけでな
く、語感を養い、リスニングやスピーキングなど総合的な中国語の力をつけ
ることができます。

6　練習問題

　中国語の文章全体の理解を深めるために練習問題に取り組んでください。
　キーワードとは、その単語がなければ文章が成り立たない重要な単語のこ
とです。
　キーフレーズとは、文中で最も重要な情報を含むフレーズを指します。

1）本文からキーワードを3つ書き出しましょう。

2）本文からキーフレーズを1つ書き出しましょう。

3）文中の〔　　〕に適切な言葉を入れましょう。

　①“吃了吗？”不仅〔　　　〕一句问候，而且还〔　　　〕了邻
　　里之间相互的距离。

　②过去的老北京人住在四合院，如果做饭时〔　　　〕酱油没
　　有了，就会〔　　　〕孩子去街坊借，邻里关系和气融融。

　③如今，人们从四合院〔　　　〕了高楼，生活更〔　　　〕了。

回答は ▶ p.163

"鷸蚌相争 漁翁得利　Yùbàng xiāngzhēng yúwēng délì" で知られる
『戦国策』の「燕策」の故事です。両者が争っているすきに、第三者が利益
を横取りするたとえに用います。

1 単語

　単語を日本語と中国語で覚えてください。黙読よりも音読を繰り返す方が
効果的です。

　簡体字とピンイン、そして日本語の意味を確認し、音声を聴いて音読しま
しょう。自己流ではなく、正しいネイティブの発音を聴き、その発音を再現
するつもりで音読してください。この練習を何度か繰り返すと、音声だけで
簡体字と日本語の意味がピンとくるようになります。これで初めて「単語を
覚えた」ことになるのです。

 3-01

蚌	bàng	ハマグリ（カラスガイ・ドブガイを指すことも）
河滩	hétān	河原
晒	shài	日に当たる
合	hé	閉じる
売	ké	殻（ここでは"贝壳"貝殻のこと）
鷸	yù	シギ（鳥の名）
啄	zhuó	ついばむ
干死	gānsǐ	乾燥して死ぬ
僵持	jiāngchí	互いににらみ合い譲らない
肯	kěn	承知する
让步	ràngbù	譲歩する（本文中では"让对方一步"）
渔夫	yúfū	漁師
重庆市	Chóngqìng Shì	重慶市（直轄市）
质疑	zhìyí	質問する
称	chēng	〜と言う

寓言故事	yùyán gùshì	寓話
讲道理	jiǎng dàolǐ	道理を語る
夸张	kuāzhāng	誇張

 本文

中国語に目を通してください。まだ訳す必要はありません。

 3-02

　　蚌在河滩上晒太阳，刚张开壳，一只鹬就来啄它的肉。蚌马上合起自己的壳，夹住了鹬的嘴。鹬说："今天不下雨，明天不下雨，你就干死了！"蚌也对鹬说："你的嘴今天拔不出来，明天拔不出来，你就饿死了！"鹬和蚌僵持不下，谁都不肯让对方一步，最后都被渔夫抓走了。

　　重庆市一小学生质疑："鹬的嘴被夹住了，它们是怎么对话的呢？"课本出版社称，寓言故事重点在于讲道理，可以有一些夸张和想象。

183字

　　Bàng zài hétān shàng shài tàiyáng, gāng zhāngkāi ké, yī zhī yù jiù lái zhuó tā de ròu. Bàng mǎshàng héqǐ zìjǐ de ké, jiāzhù le yù de zuǐ. Yù shuō : "Jīntiān bù xiàyǔ, míngtiān bù xiàyǔ, nǐ jiù gānsǐ le!" Bàng yě duì yù shuō : "Nǐ de zuǐ jīntiān bábùchūlái, míngtiān bábùchūlái, nǐ jiù èsǐ le!" Yù hé bàng jiāngchíbùxià, shéi dōu bùkěn ràng duìfāng yībù, zuìhòu dōu bèi yúfū zhuāzǒu le.

　　Chóngqìng Shì yī xiǎoxuéshēng zhìyí:"Yù de zuǐ bèi jiāzhù le, tāmen shì zěnme duìhuà de ne?" Kèběn chūbǎnshè chēng, yùyán gùshì zhòngdiǎn zài yú jiǎng dàolǐ, kěyǐ yǒu yīxiē kuāzhāng hé xiǎngxiàng.

　原文を意味のかたまり― チャンクごとに改行してあります。次の作業を
行いましょう。

1 述語となる動詞/形容詞を四角で囲みます。

　動詞の前後に助動詞や副詞、助詞が密着している場合があります。四角で
囲むのは述語となる動詞や形容詞だけですが、意味を理解する手助けになり
ますから、前後にも気を付けておきましょう。

2 連体修飾語 "定语" を構成する構造助詞の "的" にもしるしをつけます。

　"的" のすぐ後ろに、大意をつかむ上で重要な "中心语" があります。
　"的" の前には連体修飾語 "定语" があります。

　　蚌在河滩上晒太阳，
刚张开壳，
一只鹬就来啄它的肉。
蚌马上合起自己的壳，
夹住了鹬的嘴。
鹬说：
"今天不下雨，
明天不下雨，
你就干死了！"
蚌也对鹬说：
"你的嘴今天拔不出来，
明天拔不出来，
你就饿死了！"
鹬和蚌僵持不下，
谁都不肯让对方一步，
最后都被渔夫抓走了。

　　重庆市一小学生质疑：
"鹬的嘴被夹住了，
它们是怎么对话的呢？"
课本出版社称，
寓言故事重点在于讲道理，
可以有一些夸张和想象。

1	蚌在河滩上 晒 太阳，
2	刚 张 开壳，
3	一只鹬就 来 啄 它的肉。
4	蚌马上 合起 自己的壳，
5	夹住 了鹬的嘴。
6	鹬 说 ：
7	"今天不 下 雨，
8	明天不 下 雨，
9	你就 干死 了！ "
10	蚌也对鹬 说 ：
11	"你的嘴今天 拔不出来，
12	明天 拔不出来，
13	你就 饿死 了！ "
14	鹬和蚌 僵持 不下 ，
15	谁都不肯 让 对方一 步 ，
16	最后都 被 渔夫 抓走 了。
17	重庆市一小学生 质疑 ：
18	"鹬的嘴 被 夹住 了，
19	它们是怎么 对话 的呢？ "
20	课本出版社 称 ，
21	寓言故事重点 在 于讲 道理，
22	可以 有 一些夸张和想象。

1	
2	
3	動詞が2つ続きます。
4	
5	この"住"は動作の固定を意味する結果補語です。
6	
7	
8	
9	
10	
11	
12	"出来"は方向補語です。内から外へ出ることを表します。
13	
14	"不下"は動詞の後ろに置き、動作が完了しないことを表します。
15	"让步"は離合詞ですから、"让对方一步"で「相手に譲歩する」という意味です。"让"は1文字で「譲る」という意味です。
16	"被"は受身文のマークですから、しるしをつけます。＊p8　参照
17	
18	
19	ここは"是〜的"の構文です。
20	書き言葉には動詞を1文字で表記することがよくあります。
21	動詞＋"于"で、動作のなされる場所や範囲を示します。
22	

4　チャンクで読むトレーニング②

チャンクごとに情報処理をするつもりで、声に出して直訳してみましょう。

中国語を理解するための直訳ですから、やや不自然な日本語でも気にせず行ってください。

直訳することで、中国語の構造を明確に把握できるようになります。

トレーニング 2　チャンクごとの直訳例

蚌在河滩上晒太阳,	ハマグリは河原で太陽に当たっていた
刚张开壳,	殻を開けるとすぐに
一只鹬就来 啄它的肉。	1羽のシギが来てその肉をついばんだ
蚌马上合起自己的壳,	ハマグリはすぐに自分の殻を閉じた
夹住了鹬的嘴。	シギの口をはさんだ
鹬说:	シギは言った
"今天不下雨,	「今日、雨が降らない
明天不下雨,	明日、雨が降らない
你就干死了！"	お前は乾燥して死んでしまう」
蚌也对鹬说:	ハマグリもシギに言った
"你的嘴今天拔不出来,	「お前のくちばしは今日抜けない
明天拔不出来,	明日、抜けない
你就饿死了！"	お前は飢えて死んでしまう」
鹬和蚌僵持不下,	シギとハマグリは互いににらみ合いゆずらない
谁都不肯让对方一步,	誰も相手に譲歩することを承知しない
最后都被渔夫抓走了。	最後に漁師に捕まってしまった
重庆市一小学生质疑:	重慶市の1人の小学生が質問する
"鹬的嘴被 夹住了,	「シギの口は挟まれてしまった
它们是怎么对话的呢？"	彼らはどのように対話したんだ？」
课本出版社称,	教科書の出版社は言う
寓言故事重点在于 讲道理,	寓話の重点は道理を語るところにある
可以有一些夸张和想象。	いくらかの誇張と想像があっても良い

翻訳例と解説は ▶ p.137

35

　センテンスごとにリピーティングし、テキストの音声をまねるつもりで音読してください。 3-02

　テキストの本文を見て、ワンセンテンスずつ音声を聞き、音声を止め、音声をコピーするつもりで、同じ発音・リズム・スピードを意識して音読します。自己流の音読をいくら続けても、中国語らしく読むことはできません。

　注意深く聴き、中国語らしいリズムの音読をすることで、読解だけでなく、語感を養い、リスニングやスピーキングなど総合的な中国語の力をつけることができます。

6 練習問題

　中国語の文章全体の理解を深めるために練習問題に取り組んでください。

　キーワードとは、その単語がなければ文章が成り立たない重要な単語のことです。

　キーフレーズとは、文中で最も重要な情報を含むフレーズを指します。

1) 本文からキーワードを3つ書き出しましょう。

2) 本文からキーフレーズを1つ書き出しましょう。

3) 文中の〔　　〕に適切な言葉を入れましょう。

①蚌马上〔　　〕自己的壳，〔　　〕鹬的嘴。

②鹬和蚌僵持〔　　〕，谁都〔　　〕让对方一步，最后都被渔夫抓走了。

③课本出版社〔　　〕，寓言故事重点〔　　〕讲道理，可以〔　　〕一些夸张和想象。

回答は ▶ p.164

直感ではなく 分析を

　日本人は漢字を知っているので、中国語を学びやすいというメリットがあります。しかし、漢字が分かることによって生じるデメリットもあるのです。

　文の中に知らない単語が出てきたり、文の構造が把握できなかったりしますと、よく分析せずに、適当にわかる単語や漢字を拾い、そこから意味をひねり出す、つまり訳すのではなく創作に走る人が少なくありません。

　また、文にざっと目を通しただけで、自分が思いついたロジックに沿って訳そうとする人もいます。これも漢字からの適当な連想による創作です。

　現代中国語の構造はとても分かりやすいと思います。もちろん文学的な表現などには難解なところもあるでしょうが、実務的な文章はたいてい明快な表現です。

　基本的な品詞を覚え、述語となる動詞や形容詞を把握し、チャンクごとに分析しながら読んでいけば、正しく訳せるようになります。

第**4**課　お茶派

外資系のコーヒーチェーン店はずいぶん前から中国にも進出し、もはや珍しくありません。しかし、お茶だけを供するお店も繁盛しているところから、「コーヒーもいいけれど、やはりお茶が好き」という人は多いようです。

1　単語

　単語を日本語と中国語で覚えてください。黙読よりも音読を繰り返す方が効果的です。

　簡体字とピンイン、そして日本語の意味を確認し、音声を聴いて音読しましょう。自己流ではなく、正しいネイティブの発音を聴き、その発音を再現するつもりで音読してください。この練習を何度か繰り返すと、音声だけで簡体字と日本語の意味がピンとくるようになります。これで初めて「単語を覚えた」ことになるのです。

 4-01

咖啡厅	kāfēitīng	カフェ
茶室	cháshì	お茶専門の喫茶店　ティーサロン
洗刷	xǐshuā	洗い落とす
疲惫	píbèi	疲れ
纯黑咖啡	chúnhēi kāfēi	ブラックコーヒー
即使	jíshǐ	たとえ〜でも
焦糖玛奇朵	jiāotáng mǎqíduǒ	キャラメル・マキアート
卡布奇诺	kǎbùqínuò	カプチーノ　"卡普奇诺　kǎpǔqínuò"とも
马克杯	mǎkèbēi	マグカップ
拉花	lāhuā	ラテアート
品茶	pǐnchá	お茶を味わう
西湖龙井	Xīhú lóngjǐng	西湖ロンジン茶
安溪铁观音	Ānxī tiěguānyīn	安溪鉄観音茶
云南普洱	Yúnnán pǔ'ěr	雲南プーアール茶
洞庭碧螺春	Dòngtíng bìluóchūn	洞庭ピロチュン茶

祁门红茶	Qímén hóngchá	キームン紅茶
情有独钟	qíngyǒu dúzhōng	夢中になる
袅袅上升	niǎoniǎo shàngshēng	ゆらゆら立ち上る
清香四溢	qīngxiāng sì yì	すがすがしい香りが満ちる
苦涩	kǔsè	苦味と渋み
甘甜	gāntián	甘さ
沁人心脾	qìn rén xīn pí	心と体にしみわたる
舒缓放松	shūhuǎn fàngsōng	ゆったりリラックスする
品	pǐn	品定めをする　品評する
浓淡	nóngdàn	濃さ

❷ 本文

中国語に目を通してください。まだ訳す必要はありません。

  4-02

　　周末，去咖啡厅喝杯咖啡或去茶室喝杯茶，能够洗刷一周工作的疲惫。

　　我不太喜欢纯黑咖啡。即使去咖啡厅，不是点一杯焦糖玛奇朵，就是点一杯卡布奇诺，喜欢看着马克杯中的漂亮拉花。

　　比起咖啡，我更喜欢去茶室品茶。对西湖龙井、安溪铁观音、云南普洱、洞庭碧螺春、祁门红茶等品种更是情有独钟。泡上一壶茶，一股茶香随着热茶的蒸汽袅袅上升，清香四溢。茶叶的苦涩与甘甜沁人心脾，使人舒缓放松。

　　人们常说："人生，不过一杯茶。有浓有淡。"

　　品出茶中的浓淡正是品茶人的乐趣。

219字

Zhōumò, qù kāfēitīng hē bēi kāfēi huò qù cháshì hē bēi chá, nénggòu xǐshuā yīzhōu gōngzuò de píbèi.

Wǒ bùtài xǐhuān chúnhēi kāfēi. Jíshǐ qù kāfēitīng, bùshì diǎn yībēi jiāotáng mǎqíduǒ, jiùshì diǎn yī bēi kǎbùqínuò, xǐhuān kànzhe mǎkè bēi zhōng de piàoliang lāhuā.

Bǐ qǐ kāfēi, wǒ gèng xǐhuān qù cháshì pǐnchá. Duì Xīhú lóngjǐng、Ānxī tiěguānyīn、Yúnnán pǔ'ěr、Dòngtíng bìluóchūn、Qímén hóngchá děng pǐnzhǒng gèng shì qíng yǒu dú zhōng. Pàoshang yī hú chá, yī gǔ cháxiāng suí zhe rèchá de zhēngqì niǎoniǎo shàngshēng, qīngxiāng sì yì. Cháyè de kǔsè yǔ gāntián qìn rén xīn pí, shǐ rén shūhuǎn fàngsōng.

Rénmen cháng shuō:"Rénshēng, bù guò yī bēi chá. Yǒu nóng yǒu dàn."

Pǐnchū chá zhōng de nóngdàn zhèng shì pǐnchá rén de lèqù.

3 チャンクで読むトレーニング①

原文を意味のかたまり― チャンクごとに改行してあります。次の作業を行いましょう。

1 述語となる動詞/形容詞を四角で囲みます。

動詞の前後に助動詞や副詞、助詞が密着している場合があります。四角で囲むのは述語となる動詞や形容詞だけですが、意味を理解する手助けになりますから、前後にも気を付けておきましょう。

2 連体修飾語 "定语" を構成する構造助詞の "的" にもしるしをつけます。

"的" のすぐ後ろに、大意をつかむ上で重要な "中心语" があります。

"的" の前には連体修飾語 "定语" があります。

周末，
去咖啡厅喝杯咖啡或去茶室喝杯茶，
能够洗刷一周工作的疲惫。
我不太喜欢纯黑咖啡。
即使去咖啡厅，
不是点一杯焦糖玛奇朵，
就是点一杯卡布奇诺，
喜欢看着马克杯中的漂亮拉花。
比起咖啡，
我更喜欢去茶室品茶。
对西湖龙井、安溪铁观音、云南普洱、洞庭碧螺春、祁门红茶
等品种更是情有独钟。
泡上一壶茶，
一股茶香随着热茶的蒸汽袅袅上升，
清香四溢。
茶叶的苦涩与甘甜沁人心脾，
使人舒缓放松。
俗话说：
"人生，
不过一杯茶。
有浓有淡。"
品出茶中的浓淡正是品茶人的乐趣。

1	周末，	1	
2	去咖啡厅喝杯咖啡或去茶室喝杯茶，	2	"或"は"或者"と同じです。
3	能够洗刷一周工作的疲惫。	3	
4	我不太喜欢纯黑咖啡。	4	
5	即使去咖啡厅，	5	
6	不是点一杯焦糖玛奇朵，	6	"不是～"～ではない
7	就是点一杯卡布奇诺，	7	"就是～"～である　6と7は呼応していますが、直訳でも理解できます。「～でなければ～だ」
8	喜欢看着马克杯中的漂亮拉花。	8	"花"という字には「花／フラワー」以外に多くの意味があります。ここでは模様という意味です。
9	比起咖啡，	9	
10	我更喜欢去茶室品茶。	10	9のフレーズで比較しているので、"更"が必要です。
11	对西湖龙井、安溪铁观音、云南普洱、洞庭碧螺春、祁门红茶等品种更是情有独钟。	11	"、顿号"は並列を示す記号です。固有名詞が並んでいますが、固有名詞が何なのかわからなくても、並列の最後に"～等品种"とありますので、お茶の品種だとわかります。"更是"は副詞です。「よりいっそう」
12	泡上一壶茶，	12	"壶"は壺に入ったものを数える助数詞です。急須やティーポットは"茶壶"と言います。"泡茶"は「茶葉を湯に浸す」→「お茶をいれる」という意味。

13	一股茶香随着热茶的蒸汽袅袅上升，	13	"股"は香りや匂いの助数詞です。"袅袅"が分からなくても"上升"の意味が分かれば大意は理解できますね。
14	清香四溢。	14	四字熟語を恐れず、理解の糸口を探しましょう。"清香四溢"は"香"と"溢"からイメージできます。
15	茶叶的苦涩与甘甜沁人心脾，	15	"沁人心脾"は"沁"と"心"から、"舒
16	使人舒缓放松。	16	缓放松""缓"と"放松"から意味を推測できます。
17		17	
18		18	
19	俗话说："人生，不过一杯茶。	19	"不过"は話し言葉ではしばしば「でも」という意味の接続詞として用いられますが、ここは「〜に過ぎない」という意味の副詞です。
20	有浓有淡。"	20	"正是"は「まさに〜である」という
21	品出茶中的浓淡正是品茶人的乐趣。	21	"正是"は「まさに〜である」という意味です。

4 チャンクで読むトレーニング②

　チャンクごとに情報処理をするつもりで、声に出して直訳してみましょう。

　中国語を理解するための直訳ですから、やや不自然な日本語でも気にせず行ってください。

　直訳することで、中国語の構造を明確に把握できるようになります。

周末,	週末
去咖啡厅喝杯咖啡或去茶室喝杯茶,	カフェに行きコーヒーを飲む、あるいはティーサロンでお茶を飲む
能够洗刷一周工作的疲惫。	1週間の仕事の疲れを洗い流すことができる
我不太喜欢纯黑咖啡。	私はブラックコーヒーがあまり好きではない
即使去咖啡厅,	たとえコーヒーショップに行っても、
不是点一杯焦糖玛奇朵,	一杯のキャラメルマキアートを注文するのではないと
就是点一杯卡布奇诺,	一杯のカプチーノを注文するのである
喜欢看着马克杯中的漂亮拉花。	マグカップの中のすてきなラテアートを見ているのが好き
比起咖啡,	コーヒーに比べて
我更喜欢去茶室品茶。	私はお茶専門サロンに行きお茶を味わうのがより好きだ
对西湖龙井、安溪铁观音、云南普洱、洞庭碧螺春、祁门红茶等品种更是情有独钟。	西湖ロンジン茶・安渓鉄観音茶・雲南プーアール茶・洞庭ピロチュン茶やキーマン紅茶などの品種にはより夢中になる
泡上一壶茶,	（ポットで）お茶をいれる
一股茶香随着热茶的蒸汽袅袅上升,	お茶の香りが熱い茶の湯気とともにゆらゆら上がる
清香四溢。	すがすがしい香りがただよう
茶叶的苦涩与甘甜沁人心脾,	茶葉の苦みや渋みと甘さがしみわたる
使人舒缓放松。	人をゆったりリラックスさせる
俗话说:	ことわざは言う
"人生,	「人生というのは
不过一杯茶。	一杯のお茶に過ぎない。
有浓有淡。"	濃くも薄くもある」
品出茶中的浓淡正是品茶人的乐趣。	お茶の濃淡を味わうことこそお茶好きの楽しみだ

翻訳例と解説は ▶ p.138

44

5 音声を聞き、音読練習をして仕上げましょう

センテンスごとにリピーティングし、テキストの音声
をまねるつもりで音読してください。

テキストの本文を見て、ワンセンテンスずつ音声を聞き、音声を止め、音声をコピーするつもりで、同じ発音・リズム・スピードを意識して音読します。自己流の音読をいくら続けても、中国語らしく読むことはできません。

注意深く聴き、中国語らしいリズムの音読をすることで、読解だけでなく、語感を養い、リスニングやスピーキングなど総合的な中国語の力をつけることができます。

6 練習問題

中国語の文章全体の理解を深めるために練習問題に取り組んでください。

キーワードとは、その単語がなければ文章が成り立たない重要な単語のことです。

キーフレーズとは、文中で最も重要な情報を含むフレーズを指します。

1）本文からキーワードを3つ書き出しましょう。

2）本文からキーフレーズを1つ書き出しましょう。

3）文中の〔　　〕に適切な言葉を入れましょう。

①〔　　　〕去咖啡厅，不是点一杯焦糖玛奇朵，〔　　　〕点一杯卡布奇诺。

②泡上一〔　　　〕茶，一〔　　　〕茶香随着热茶的蒸汽袅袅〔　　　〕，清香〔　　　〕。

③品出茶中的浓淡〔　　　〕品茶人的乐趣。　　　回答は▶ p.164

　昨今すさまじい勢いで増えつつあるフードデリバリーサービスですが、中国ではすでに人々の生活に欠かせないサービスの１つになっています。電話で注文するというやり方はもはや時代遅れとなり、今はスマートフォンの専用アプリでサッと注文するのが主流です。

1 単語

　単語を日本語と中国語で覚えてください。黙読よりも音読を繰り返す方が効果的です。

　簡体字とピンイン、そして日本語の意味を確認し、音声を聴いて音読しましょう。自己流ではなく、正しいネイティブの発音を聴き、その発音を再現するつもりで音読してください。この練習を何度か繰り返すと、音声だけで簡体字と日本語の意味がピンとくるようになります。これで初めて「単語を覚えた」ことになるのです。

5-01

互联网	hùliánwǎng	インターネット
外卖	wàimài	フードデリバリー
截至	jiézhì	～で期限を切る
央视	Yāngshì	CCTV（中国国営テレビ、中国中央電視台）
上班族	shàngbānzú	会社員
饭点	fàndiǎn	食事の時間
人挤人	rén jǐ rén	混雑する
快捷	kuàijié	素早い　手っ取り早い
省时省力	shěngshí shěnglì	時間と手間が省ける
平台	píngtái	サイト
美团	Měituán	メイトゥアン（フードデリバリー企業名）
饿了么	Èleme	ウーラマ（フードデリバリー企業名）
美食	měishí	グルメ
甜点	tiándiǎn	スイーツ

饮品	yǐnpǐn	ドリンク類
快餐	kuàicān	ファストフード
小吃	xiǎochī	軽食
占比	zhànbǐ	占める割合
西餐	xīcān	洋食
地方菜	dìfāngcài	郷土料理
海鲜烧烤	hǎixiān shāokǎo	シーフードバーベキュー

②　本文

中国語に目を通してください。まだ訳す必要はありません。

　　随着互联网的发展，外卖已经成为人们生活中重要的一部分。据央视称，截至2020年，我国的外卖用户已接近5亿人，最主要的消费人群是上班族和大学生。上班族工作繁忙，没有时间做饭，而大学食堂大多开放时间有限，到了饭点更是人挤人。外卖便利快捷，省时省力，很好地满足了上班族和大学生的这些需求。

　　目前国内最大的外卖平台是美团和饿了么。根据最近中国外卖产业调查研究报告，外卖消费以美食和甜点饮品为主，快餐小吃在美食品类中占比高达69.0%，其次为西餐、地方菜、海鲜烧烤等。

221字

　　Suízhe hùliánwǎng de fāzhǎn, wàimài yǐjīng chéngwéi rénmen shēnghuó zhōng zhòngyào de yībùfèn. Jù Yāngshì chēng, jiézhì èrlíng'èrlíng nián, wǒguó de wàimài yònghù yǐ jiējìn wǔ yì rén, zuì zhǔyào de xiāofèi rénqún shì shàngbānzú hé dàxuéshēng. Shàngbānzú gōngzuò fánmáng, méiyǒu shíjiān zuòfàn, ér dàxué shítáng dàduō kāifàng shíjiān yǒuxiàn, dàole fàndiǎn gèngshì rén jǐ rén. Wàimài biànlì kuàijié, shěngshí shěnglì, hěn hǎo de mǎnzú le shàngbānzú hé dàxuéshēng de zhèxiē xūqiú.

　　Mùqián guónèi zuìdà de wàimài píngtái shì Měituán hé Èleme. Gēnjù

zuìjìn zhōngguó wàimài chǎnyè diàochá yánjiū bàogào, wàimài xiāofèi yǐ
měishí hé tiándiǎn yǐnpǐn wéi zhǔ, kuàicān xiǎochī zài měishí pǐnlèi zhōng
zhànbǐ gāo dá bǎifēn zhī liùshíjiǔ diǎn líng , qícì wéi xīcān、dìfāngcài、
hǎixiān shāokǎo děng.

3 チャンクで読むトレーニング①

　原文を意味のかたまりー チャンクごとに改行してあります。次の作業を
行いましょう。

1 述語となる動詞/形容詞を四角で囲みます。

　動詞の前後に助動詞や副詞、助詞が密着している場合があります。四角で
囲むのは述語となる動詞や形容詞だけですが、意味を理解する手助けになり
ますから、前後にも気を付けておきましょう。

2 連体修飾語 "定语" を構成する構造助詞の "的" にもしるしをつけます。

　"的" のすぐ後ろに、大意をつかむ上で重要な "中心语" があります。
　"的" の前には連体修飾語 "定语" があります。

　　随着互联网的发展，
外卖已经成为人们生活中重要的一部分。
据央视称，
截至2020年，
我国的外卖用户已接近5亿人，
最主要的消费人群是上班族和大学生。
上班族工作繁忙，
没有时间做饭，
而大学食堂大多开放时间有限，
到了饭点更是人挤人。
外卖便利快捷，

省时省力，

很好地满足了上班族和大学生的这些需求。

　　目前国内最大的外卖平台是美团和饿了么。

根据最近中国外卖产业调查研究报告，

外卖消费以美食和甜点饮品为主，

快餐小吃在美食品类中占比高达69.0%，

其次为西餐、地方菜、海鲜烧烤等。

トレーニング **1** 分析例と解説

1	随着互联网的发展，	1	
2	外卖已经 成为 人们生活中重要 的 一部分。	2	
3	据央视 称 ，	3	
4	截至2020年，	4	"截至"は、時間や時期を区切る表現です。
5	我国 的 外卖用户已 接近 5亿人，	5	「5億人に接近した」と直訳しても理解できます。
6	最主要 的 消费人群 是 上班族和大学生。	6	
7	上班族工作 繁忙 ，	7	
8	没有 时间做饭，	8	"做"も動詞ですが、このフレーズのメインの動詞は"没有"です。食事を作る時間が「ない」。
9	而大学食堂大多开放时间 有限 ，	9	"而"は順接と逆接の両方の意味があります。
10	到了饭点更是 人挤人 。	10	
11	外卖 便利快捷 ，	11	"便利"と"快捷"を別々に考えましょう。
12	省时省力 ，	12	時間を省き、力を省く　→時間と手間を省く
13	很好地 满足 了上班族和大学生 的 这些需求。	13	2字単位で読めば、スムーズに理解できます。

14	目前国内最大的外卖平台[是]美团和饿了么。	14	"美团"と"饿了么"が固有名詞だと知らなくても"美团和饿了么"が「AとB」であることは明確です。
15	根据最近中国外卖产业调查研究报告，	15	
16	外卖消费以美食和甜点饮品[为]主，	16	"以～为主"「～を主とする」はよく使われる表現です。
17	快餐小吃在美食品类中占比高[达]69.0%，	17	"高达"はその後の数字の大きさを強調する表現です。
18	其次[为]西餐、地方菜、海鲜烧烤等。	18	この"为"は"是"と同義です。第2声に読みます。

4 チャンクで読むトレーニング②

　チャンクごとに情報処理をするつもりで、声に出して直訳してみましょう。

　中国語を理解するための直訳ですから、やや不自然な日本語でも気にせず行ってください。

　直訳することで、中国語の構造を明確に把握できるようになります。

トレーニング 2　チャンクごとの直訳例

随着互联网的发展，	インターネットの発展に従い
外卖已经成为人们生活中重要的一部分。	フードデリバリーは人々の生活の重要な一部となった
据央视称，	CCTVによると
截至2020年，	2020年までに
我国的外卖用户已接近５亿人，	我が国のフードデリバリーのユーザーは５億人に近づき
最主要的消费人群是上班族和大学生。	最も主要な消費者は会社員と大学生だ
上班族工作繁忙，	会社員は仕事が忙しい
没有时间做饭，	食事を作る時間がない
而大学食堂大多开放时间有限，	そして大学の食堂はたいてい営業時間が限られている
到了饭点更是人挤人。	食事の時間になるとさらに込み合う

外卖便利快捷，	フードデリバリーは便利で手っ取り早い
省时省力，	時間を省き手間を省く
很好地满足了上班族和大学生的这些需	会社員と大学生のこれらのニーズをう
求。	まく満たした
目前国内最大的外卖平台是美团和饿了	現在国内最大のフードデリバリーサ
么。	イトはメイトゥアンとウーラ・マだ。
根据最近中国外卖产业调查研究报告，	最近の中国フードデリバリー調査研究
	報告によると、
外卖消费以美食和甜点饮品为主，	フードデリバリー消費はグルメ・ス
	イーツ・ドリンクが主で
快餐小吃在美食品类中占比高达69.0%，	ファストフードや軽食がグルメ類に占
	める割合は69%にも達する
其次为西餐、地方菜、海鲜烧烤等。	次が洋食・郷土料理・シーフードバー
	ベキューなどだ。

翻訳例と解説は▶ p.139

5 音声を聞き、音読練習をして仕上げましょう

　センテンスごとにリピーティングし、テキストの音
声をまねるつもりで音読してください。

 5-02

　テキストの本文を見て、ワンセンテンスずつ音声を聞き、音声を止め、音声をコピーするつもりで、同じ発音・リズム・スピードを意識して音読します。自己流の音読をいくら続けても、中国語らしく読むことはできません。

　注意深く聴き、中国語らしいリズムの音読をすることで、読解だけでなく、語感を養い、リスニングやスピーキングなど総合的な中国語の力をつけることができます。

　中国語の文章全体の理解を深めるために練習問題に取り組んでください。

　キーワードとは、その単語がなければ文章が成り立たない重要な単語のことです。

　キーフレーズとは、文中で最も重要な情報を含むフレーズを指します。

1）本文からキーワードを3つ書き出しましょう。

2）本文からキーフレーズを1つ書き出しましょう。

3）文中の〔　〕に適切な言葉を入れましょう。

　①上班族工作繁忙，〔　　　〕时间做饭，而大学食堂大多开放时间有限，到了饭点更是〔　　　〕。

　②外卖便利快捷，省时省力，很好地〔　　　〕了上班族和大学生的这些需求。

　③外卖消费〔　　　〕美食和甜点饮品为主，快餐小吃在美食品类中〔　　　〕高达69.0%。

回答は ▶ p.164

情報をキャッチする

　日本語で雑誌やネット記事を読む時は、自然と文から「情報」を得ています。しかし、中国語の文を読むとなると、とたんに「学習」の意識が前面に出てきて、そこから情報を得ることを忘れがちではないでしょうか。

　読解の本来の目的は情報を得ることだと思います。ですが現実は、単語の意味や構文の把握に終始して、一応の理解ができた時点で、「読解終了」としている人が驚くほど多いのです。これでは、文から情報を得るのは難しいでしょう。

　情報を得るには、チャンク単位で分析しながら読み進める過程で、キーワードやキーセンテンスを選択したり、チャンクとチャンクのつなぎを意識するのが大切です。そして、文の流れをとらえるのです。文の流れは、ロジックの展開と言い換えても良いと思います。

　キーワードやキーセンテンスが分かり、文の流れを把握できれば、自然と情報はキャッチできます。

　本書の基礎編には、キーワードやキーセンテンスを書き出すという練習問題があります。これは読解に必要な基本的な意識を定着していただくのが目的です。そして応用編には、要約の問題があります。読解力を試すのに、要約ほど適した作業はありません。慣れないと少しむずかしいかもしれませんが、必ず取り組んでください。

第**6**課　ハルビン氷雪祭り

中国の北東に位置する黒竜江省の省都、ハルビン市の冬の風物詩であり、中国のみならず世界的にも有名な氷雪祭りを紹介します。

1　単語

　単語を日本語と中国語で覚えてください。黙読よりも音読を繰り返す方が効果的です。

　簡体字とピンイン、そして日本語の意味を確認し、音声を聴いて音読しましょう。自己流ではなく、正しいネイティブの発音を聴き、その発音を再現するつもりで音読してください。この練習を何度か繰り返すと、音声だけで簡体字と日本語の意味がピンとくるようになります。これで初めて「単語を覚えた」ことになるのです。

6-01

哈尔滨	Hā'ěrbīn	ハルビン市（黒竜江省の省都）
银装素裹	yínzhuāng sùguǒ	一面の銀世界
松花江	Sōnghuā Jiāng	松花江（しょうかこう　黒竜江省を流れる川）
宛如	wǎnrú	まるで～のようだ
冰天雪地	bīngtiānxuědì	非常に厳しい寒さのこと
清爽	qīngshuǎng	爽やか　すがすがしい
帷幕	wéimù	幕
太阳岛	Tàiyáng Dǎo	太陽島（松花江の中の島で、公園がある）
景区	jǐngqū	景勝地
雪雕	xuědiāo	雪像
冰灯	bīngdēng	氷のランタン
精美	jīngměi	精巧で美しい
绝伦	juélún	並外れている
创意	chuàngyì	創意工夫　アート作品
推出	tuīchū	発表する　実施する
冰雕	bīngdiāo	氷の彫刻

竞赛	jìngsài	コンテスト
冰球赛	bīngqiúsài	アイスホッケーの試合
绚丽	xuànlì	きらびやかで美しい
衬托	chèntuō	引き立て
美轮美奂	měilún měihuàn	豪華絢爛である
勾勒	gōulè	描写する　描く
如梦如幻	rúmèng rúhuàn	夢か幻のような
驻足	zhùzú	足を止める

② 本文

中国語に目を通してください。まだ訳す必要はありません。

🔊 6-02

　　冬季的哈尔滨银装素裹，松花江上结了半米多厚的冰。今年1月哈尔滨的平均最低气温达到零下25度左右，室外也宛如一个天然的大冰箱。在这冰天雪地的冬日，阳光明媚，空气透着清爽，一年一度的哈尔滨国际冰雪节拉开了帷幕。

　　哈尔滨国际冰雪节创办于1985年。每年1月5日开始，为期一个月。届时，在松花江、太阳岛等哈尔滨的主要景区将举办多种雪雕、冰灯游园会，以向游客展示精美绝伦的艺术创意。今年的冰雪节期间，各景区纷纷推出了丰富多彩的活动，例如冰雪摄影展、冰雕竞赛、冰球赛等活动。到了夜晚，各冰雕作品在绚丽灯光的衬托下，美轮美奂，勾勒出如梦如幻的效果，吸引市民游客驻足。

271字

Dōngjì de Hā'ěrbīn yínzhuāng sùguǒ, Sōnghuā Jiāng shàng jié le bànmǐ duō hòu de bīng. Jīnnián yī yuè Hā›ěrbīn de píngjūn zuìdī qìwēn dádào língxià èrshíwǔ dù zuǒyòu, shìwài yě wǎnrú yī ge tiānrán de dà bīngxiāng. Zài zhè bīngtiān xuědì de dōngrì, yángguāng míngmèi, kōngqì tòu zhe qīngshuǎng, yī nián yī dù de Hā'ěrbīn guójì bīngxuějié lākāi le wéimù.

Hā'ěrbīn guójì bīngxuějié chuàngbàn yú yījiǔbāwǔ nián. Měinián yī yuè wǔ rì kāishǐ, wéiqī yī ge yuè. Jièshí, zài Sōnghuā Jiāng, Tàiyáng Dǎo děng Hā'ěrbīn de zhǔyào jǐngqū jiāng jǔbàn duōzhǒng xuědiāo, bīngdēng yóuyuánhuì, yǐ xiàng yóukè zhǎnshì jīngměi juélún de yìshù chuàngyì. Jīnnián de bīngxuě jié qījiān, gè jǐngqū fēnfēn tuīchū le fēngfù duōcǎi de huódòng, lìrú bīngxuě shèyǐng zhǎn, bīngdiāo jìngsài, bīngqiúsài děng huódòng. Dàole yèwǎn, gè bīngdiāo zuòpǐn zài xuànlì dēngguāng de chèntuō xià, měilún měihuàn, gōulè chū rúmèng rúhuàn de xiàoguǒ, xīyǐn shìmín yóukè zhùzú.

❸ チャンクで読むトレーニング①

原文を意味のかたまり— チャンクごとに改行してあります。次の作業を行いましょう。

１ 述語となる動詞/形容詞を四角で囲みます。

動詞の前後に助動詞や副詞、助詞が密着している場合があります。四角で囲むのは述語となる動詞や形容詞だけですが、意味を理解する手助けになりますから、前後にも気を付けておきましょう。

２ 連体修飾語 "定语" を構成する構造助詞の "的" にもしるしをつけます。

"的" のすぐ後ろに、大意をつかむ上で重要な "中心语" があります。

"的" の前には連体修飾語 "定语" があります。

　　冬季的哈尔滨银装素裹，
松花江上结了半米多厚的冰。
今年1月哈尔滨的平均最低气温达到零下25度左右，
室外也宛如一个天然的大冰箱。
在这冰天雪地的冬日，
阳光明媚，
空气透着清爽，
一年一度的哈尔滨国际冰雪节拉开了帷幕。
　　哈尔滨国际冰雪节创办于1985年。
每年1月5日开始，
为期一个月。
届时，
在松花江、太阳岛等哈尔滨的主要景区将举办多种雪雕、冰灯游园会，
以向游客展示精美绝伦的艺术创意。
今年的冰雪节期间，
各景区纷纷推出了丰富多彩的活动，
例如冰雪摄影展、冰雕竞赛、冰球赛等活动。
到了夜晚，
各冰雕作品在绚丽灯光的衬托下，
美轮美奂，
勾勒出如梦如幻的效果，
吸引市民游客驻足。

	左		右

1　　冬季的哈尔滨 银装素裹,

1　"银装素裹"は「銀で装い白でくるまれる」という意味です。これが分からなくても"冬季的哈尔滨"から連想もできると思います。

2　松花江上 结 了半米多厚的冰。

2

3　今年1月哈尔滨的平均最低气温 达到 零下25度左右,

3

4　室外也 宛如 一个天然的大冰箱。

4　"宛如"は書き言葉です。文語的に訳すと「さながら～のごとし」となります。

5　在这冰天雪地的冬日,

5　"冰天雪地"は、文字から意味が連想しやすいでしょう。直訳すると「凍る空と雪の大地」。

6　阳光 明媚,

6　"明媚"は形容詞です。

7　空气透着 清爽,

7　"清爽"は形容詞です。

8　一年一度的哈尔滨国际冰雪节 拉开 了帷幕。

8

9　　　哈尔滨国际冰雪节 创办 于1985年。

9　動詞＋"于"は、"于"の後ろに動作のなされる場所や時間が示されます。

10　每年1月5日 开始,

10

11　 为期 一个月。

11　"为期"～　で　～を期間とする

12　届时,

12

13　在松花江、太阳岛等哈尔滨的主要景区将 举办 多种雪雕、冰灯游园会,

13　"将"は未来の時制を示します。

14　以向游客 展示 精美绝伦的艺术创意。

14　"以"「これにより」などと理解してください。

15　今年的冰雪节期间,

15

16　各景区纷纷 推出 了丰富多彩的活动,

16

17　例如冰雪摄影展、冰雕竞赛、冰

17

58

	球赛等活动。		
18	到了夜晚，	18	
19	各冰雕作品在绚丽灯光的衬托下，	19	
20	美轮美奂，	20	
21	勾勒出如梦如幻的效果，	21	"如梦如幻"は直訳すれば理解しやす いでしょう。
22	吸引市民游客驻足。	22	

❹ チャンクで読むトレーニング②

　チャンクごとに情報処理をするつもりで、声に出して直訳してみましょう。

　中国語を理解するための直訳ですから、やや不自然な日本語でも気にせず行ってください。

　直訳することで、中国語の構造を明確に把握できるようになります。

トレーニング2　チャンクごとの直訳例

冬季的哈尔滨银装素裹，	冬のハルビンは一面の銀世界だ
松花江上结了半米多厚的冰。	松花江には50センチあまりの厚さの氷が張った
今年1月哈尔滨的平均最低气温达到零下25度左右，	今年1月のハルビンの平均最低気温は零下25度前後に達した
室外也宛如一个天然的大冰箱。	屋外もまるで天然の大きな冷蔵庫のようだ
在这冰天雪地的冬日，	この非常に厳しい寒さの冬の日
阳光明媚，	太陽がきらきら輝き
空气透着清爽，	空気はすがすがしく透き通っている
一年一度的哈尔滨国际冰雪节拉开了帷幕。	年に1度のハルビン国際氷雪祭りは幕を開けた
哈尔滨国际冰雪节创办于1985年。	ハルビン国際氷雪祭りは1985年に創設された
每年1月5日开始，	毎年1月5日にスタートする
为期一个月。	1か月の期間だ

届时，	その時
在松花江、太阳岛等哈尔滨的主要景区将举办多种雪雕、冰灯游园会，	松花江や太陽島などハルビンの主な景勝地で多くの雪像や氷のランタンの園遊会が行われる
以向游客展示精美绝伦的艺术创意。	それによって観光客にこの上なく美しい芸術的な創意工夫を見せる
今年的冰雪节期间，	今年の雪祭りの期間
各景区纷纷推出了丰富多彩的活动，	各景勝地は内容が豊かで多彩なイベントを次々と実施した
例如冰雪摄影展、冰雕竞赛、冰球赛等活动。	例えば氷と雪写真展・氷彫刻コンテスト・アイスホッケーの試合などだ
到了夜晚，	夜になり
各冰雕作品在绚丽灯光的衬托下，	氷の彫刻作品はきらびやかな照明に引き立てられて
美轮美奂，	豪華絢爛である
勾勒出如梦如幻的效果，	夢か幻のような効果を描く
吸引市民游客驻足。	市民や観光客が足を止めるのを引き付ける

翻訳例と解説は ▶ p.141

5 音声を聞き、音読練習をして仕上げましょう

センテンスごとにリピーティングし、テキストの音声をまねるつもりで音読してください。

 6-02

テキストの本文を見て、ワンセンテンスずつ音声を聞き、音声を止め、音声をコピーするつもりで、同じ発音・リズム・スピードを意識して音読します。自己流の音読をいくら続けても、中国語らしく読むことはできません。

注意深く聴き、中国語らしいリズムの音読をすることで、読解だけでなく、語感を養い、リスニングやスピーキングなど総合的な中国語の力をつけることができます。

練習問題

　中国語の文章全体の理解を深めるために練習問題に取り組んでください。

　キーワードとは、その単語がなければ文章が成り立たない重要な単語のことです。

　キーフレーズとは、文中で最も重要な情報を含むフレーズを指します。

1）本文からキーワードを３つ書き出しましょう。

2）本文からキーフレーズを１つ書き出しましょう。

3）文中の〔　　〕に適切な言葉を入れましょう。

①松花江上〔　　〕了半米多〔　　〕的冰。

②在这冰天雪地的冬日，阳光〔　　〕，空气透着〔　　〕，一年一度的哈尔滨国际冰雪节〔　　〕了帷幕。

③到了〔　　〕，各冰雕作品在绚丽灯光的衬托下，美轮美奂，勾勒出如梦如幻的〔　　〕，〔　　〕市民游客驻足。

回答は▶ p.165

第**7**課　ごみの分別

ごみ問題は世界的に喫緊の大問題です。中国も例外ではありません。ごみを分別するという意識が広く普及するまでは大変だと思いますが、待ったなしで取り組まなければならない課題です。

1　単語

　単語を日本語と中国語で覚えてください。黙読よりも音読を繰り返す方が効果的です。

　簡体字とピンイン、そして日本語の意味を確認し、音声を聴いて音読しましょう。自己流ではなく、正しいネイティブの発音を聴き、その発音を再現するつもりで音読してください。この練習を何度か繰り返すと、音声だけで簡体字と日本語の意味がピンとくるようになります。これで初めて「単語を覚えた」ことになるのです。

垃圾	lājī	ごみ
分类	fēnlèi	分類　分別
启动	qǐdòng	始める
有害垃圾	yǒuhài lājī	有害ごみ
可回收垃圾	kě huíshōu lājī	回収可能なごみ
厨余垃圾	chúyú lājī	生ごみ
称呼	chēnghu	呼び方
略	lüè	やや　多少
湿纸巾	shīzhǐjīn	ウェットティッシュ
干果壳	gānguǒké	ナッツ類の殻
抓狂	zhuākuáng	困り果てる
塑料袋	sùliàodài	ポリ袋　ビニール袋
后期处理	hòuqī chǔlǐ	後処理
塑胶制品	sùjiāo zhìpǐn	プラスチック製品
堆肥	duīféi	コンポスト　たい肥

沼气	zhǎoqì	メタンガス
保洁员	bǎojiéyuán	清掃員
垃圾桶	lājītǒng	（バケツ状の）ごみ入れ
洗手池	xǐshǒuchí	手洗い場

 本文

中国語に目を通してください。まだ訳す必要はありません。

 7-02

　　2019年上海市开始实施生活垃圾强制分类。全国其他城市也相继推出法规，启动垃圾分类。各地区的分类方式基本按照四分法，分为有害垃圾、可回收垃圾、厨余垃圾和其他垃圾。但是称呼略有不同。例如在上海，厨余垃圾被称为湿垃圾，其他垃圾被称为干垃圾。"湿纸巾是干垃圾？""干果壳是湿垃圾？"等等，如何分类令不少市民抓狂。

　　除了分类问题，"破袋"也是影响市民垃圾分类积极性的一个因素。一些地区要求在投放厨余垃圾时将垃圾从塑料袋里分离出来，再将塑料袋扔到其他垃圾里。这是因为在后期处理过程中，塑胶制品会对堆肥和沼气发电产生影响。许多居民怕脏手，怕麻烦，连袋子也一起扔进厨余垃圾，增加了保洁员的负担。为解决这一问题，一些小区在垃圾桶旁设置了洗手池和破袋用的剪刀。

316字

　　Èrlíngyījiǔ nián Shànghǎi Shì kāishǐ shíshī shēnghuó lājī qiángzhì fēnlèi. Quánguó qítā chéngshì yě xiāngjì tuīchū fǎguī, qǐdòng lājī fēnlèi. Gè dìqū de fēnlèi fāngshì jīběn ànzhào sìfēnfǎ, fēnwéi yǒuhài lājī, kě huíshōu lājī, chúyú lājī hé qítā lājī. Dànshì chēnghu lüèyǒu bùtóng. Lìrú zài Shànghǎi, chúyú lājī bèi chēngwéi shī lājī, qítā lājī bèi chēngwéi gān lājī. "Shīzhǐjīn shì gàn lājī?" "Gānguǒké shì shī lājī?" děngděng, rúhé fēnlèi lìng bùshǎo shìmín zhuākuáng.

Chú le fēnlèi wèntí, "pòdài" yě shì yǐngxiǎng shìmín lājī fēnlèi jījíxìng de yī ge yīnsù. Yīxiē dìqū yāoqiú zài tóufàng chúyú lājī shí jiāng lājī cóng sùliàodài li fēnlí chūlái, zài jiāng sùliàodài rēng dào qítā lājī lǐ. Zhè shì yīnwèi zài hòuqī chǔlǐ guòchéng zhōng, sùjiāo zhìpǐn huì duì duīféi hé zhǎoqì fādiàn chǎnshēng yǐngxiǎng. Xǔduō jūmín pà zàng shǒu, pà máfan, lián dàizi yě yīqǐ rēng jìn chúyú lājī, zēngjiā le bǎojiéyuán de fùdān. Wèi jiějué zhèyī wèntí, yīxiē xiǎoqū zài lājītǒng páng shèzhì le xǐshǒuchí hé pòdài yòng de jiǎndāo.

【3】 チャンクで読むトレーニング①

　原文を意味のかたまり― チャンクごとに改行してあります。次の作業を行いましょう。

■1 述語となる動詞/形容詞を四角で囲みます。

　動詞の前後に助動詞や副詞、助詞が密着している場合があります。四角で囲むのは述語となる動詞や形容詞だけですが、意味を理解する手助けになりますから、前後にも気を付けておきましょう。

■2 連体修飾語 "定语" を構成する構造助詞の "的" にもしるしをつけます。

　"的" のすぐ後ろに、大意をつかむ上で重要な "中心语" があります。
　"的" の前には連体修飾語 "定语" があります。

　　2019年上海市开始实施生活垃圾强制分类。
全国其他城市也相继推出法规，
启动垃圾分类。
各地区的分类方式基本按照四分法，
分为有害垃圾、可回收垃圾、厨余垃圾和其他垃圾。
但是称呼略有不同。
例如在上海，
厨余垃圾被称为湿垃圾，

其他垃圾被称为干垃圾。

"湿纸巾是干垃圾？"

"干果壳是湿垃圾？"等等，

如何分类令不少市民抓狂。

　　除了分类问题，

"破袋"也是影响市民垃圾分类积极性的一个因素。

一些地区要求在投放厨余垃圾时将垃圾从塑料袋里分离出来，

再将塑料袋扔到其他垃圾里。

这是因为在后期处理过程中，

塑胶制品会对堆肥和沼气发电产生影响。

许多居民怕脏手，

怕麻烦，

连袋子也一起扔进厨余垃圾，

增加了保洁员的负担。

为解决这一问题，

一些小区在垃圾桶旁设置了洗手池和破袋用的剪刀。

トレーニング 1　分析例と解説

1	2019年上海市 开始 实施 生活垃圾强制分类。	1	"开始"は動詞を目的語にとることもできます。
2	全国其他城市也相继 推出 法规，	2	
3	启动 垃圾分类。	3	
4	各地区的分类方式基本按照四分法，	4	"按照"は動詞ではありません。
5	分为 有害垃圾、可回收垃圾、厨余垃圾和其他垃圾。	5	動詞＋"为"は、〜に「動詞」する→〜に分かれます
6	但是称呼略有 不同 。	6	接続詞を意識してください。
7	例如在上海，	7	

8	厨余垃圾被称为湿垃圾，	8	動詞＋"为"は、〜に（と）「動詞」する→〜〜と称する
9	其他垃圾被称为干垃圾。	9	
10	"湿纸巾是干垃圾？"	10	
11	"干果壳是湿垃圾？" 等等，	11	
12	如何分类令不少市民抓狂。	12	"令"は使役文のマークです。（p. 8参照）
13	除了分类问题，	13	
14	"破袋"也是影响市民垃圾分类积极性的一个因素。	14	連体修飾語は"影响"から"的"までです。
15	一些地区要求在投放厨余垃圾时将垃圾从塑料袋里分离出来，	15	この"将"は"把"と同じ役割で、目的語を動詞の前に出します。
16	再将塑料袋扔到其他垃圾里。	16	ここの"将"も"把"と同じ役割です。
	这是因为在后期处理过程中，	17	"因为"は常に"所以"と呼応するわけではありません。「原因や理由を示すフレーズが後ろにくる」と理解しておきましょう。
17			
18	塑胶制品会对堆肥和沼气发电产生影响。	18	この"发电"は名詞です。"产生"は「生じる」と覚えておくと、どのような場合にも対応可能です。
19	许多居民怕脏手，	19	
20	怕麻烦，	20	
21	连袋子也一起扔进厨余垃圾，	21	
22	增加了保洁员的负担。	22	
23	为解决这一问题，	23	ここの"为"は第4声に読みます。〜のために
24	一些小区在垃圾桶旁设置了洗手池和破袋用的剪刀。	24	

④ チャンクで読むトレーニング②

チャンクごとに情報処理をするつもりで、声に出して直訳してみましょう。

中国語を理解するための直訳ですから、やや不自然な日本語でも気にせず行ってください。

直訳することで、中国語の構造を明確に把握できるようになります。

トレーニング 2　チャンクごとの直訳例

2019年上海市开始实施生活垃圾强制分类。	2019年、上海市は生活ごみの強制分類を実施し始めた
全国其他城市也相继推出法规，	全国の他の都市も相次いで規制を導入した
启动垃圾分类。	ごみの分類を始めた
各地区的分类方式基本按照四分法，	各地区の分類方法は基本的に4つに分ける方法に基づき
分为有害垃圾、可回收垃圾、厨余垃圾和其他垃圾。	有害ごみ・回収可能ごみ・生ごみ・その他のごみに分ける
但是称呼略有不同。	しかし呼び方は少し異なる
例如在上海，	例えば上海では
厨余垃圾被称为湿垃圾，	生ごみは湿ったごみと称する
其他垃圾被称为干垃圾。	その他のごみは乾燥ごみと称する
"湿纸巾是干垃圾？"	「ウェットティッシュは乾燥ごみか？」
"干果壳是湿垃圾？" 等等，	「ナッツ類の殻は湿ったごみなのか？」などである
如何分类令不少市民抓狂。	どのように分類するか、多くの市民は困り果てている
除了分类问题，	分類問題以外に
"破袋" 也是影响市民垃圾分类积极性的一个因素。	「袋を破る」も市民のごみ分類の積極性に影響する要素である
一些地区要求在投放厨余垃圾时将垃圾从塑料袋里分离出来，	一部地域では生ごみを捨てる時ごみをポリ袋から出すように要求する
再将塑料袋扔到其他垃圾里。	それからポリ袋をその他のごみにすてるのだ

这是因为在后期处理过程中，	これは原因というのが後処理の過程において
塑胶制品会对堆肥和沼气发电产生影响。	プラスチック製品がコンポストやメタンガス発電に影響を生じる
许多居民怕脏手，	多くの住民は手が汚れるのをいやがる
怕麻烦，	面倒をいやがる
连袋子也一起扔进厨余垃圾，	袋も一緒に生ごみへ捨てる
增加了保洁员的负担。	清掃員の負担を増やす
为解决这一问题，	この問題を解決するために
一些小区在垃圾桶旁设置了洗手池和破袋用的剪刀。	一部の町内はごみ入れの横に手洗い場と袋を破るためのはさみを設置した

翻訳例と解説は ▶ p.142

5 音声を聞き、音読練習をして仕上げましょう

　センテンスごとにリピーティングし、テキストの音声をまねるつもりで音読してください。 7-02

　テキストの本文を見て、ワンセンテンスずつ音声を聞き、音声を止め、音声をコピーするつもりで、同じ発音・リズム・スピードを意識して音読します。自己流の音読をいくら続けても、中国語らしく読むことはできません。

　注意深く聴き、中国語らしいリズムの音読をすることで、読解だけでなく、語感を養い、リスニングやスピーキングなど総合的な中国語の力をつけることができます。

6 練習問題

　中国語の文章全体の理解を深めるために練習問題に取り組んでください。

　キーワードとは、その単語がなければ文章が成り立たない重要な単語のことです。

　キーフレーズとは、文中で最も重要な情報を含むフレーズを指します。

1) 本文からキーワードを3つ書き出しましょう。

2) 本文からキーフレーズを1つ書き出しましょう。

3) 文中の〔　〕に適切な言葉を入れましょう。

①各地区的分类方式基本〔　〕四分法，〔　〕有害垃圾、可回收垃圾、厨余垃圾和其他垃圾。

②一些地区要求在投放厨余垃圾时将垃圾〔　〕塑料袋里分离出来，〔　〕将塑料袋扔到其他垃圾里。

③许多居民〔　〕脏手，〔　〕麻烦，〔　〕袋子也一起扔进厨余垃圾，增加了保洁员的〔　〕。

回答は▶ p.165

要約のルール

　ここで簡単にできる中国語の要約のルールを説明します。

・文章全体の意味を大まかに把握します。
・キーセンテンスをいくつか選択します。
・選択したキーセンテンスの順番は変えません。
・省略する部分を考えつつ、言い換え（パラフレーズ）をします。

　中国語で直接パラフレーズするのが難しければ、キーセンテンスを日本語に直訳してみます。
　そして、日本語で言い換え表現を考えてみましょう。このとき、漢語表現で言い換えられれば中国語にスムーズに変換できます。

　では、第5課の本文（p.46）を例にとり、実際に要約をしてみましょう。
　3分の1に要約するとして、本文は222文字ですから、70字程度への要約を目標にします。

1 キーセンテンスを選択する。

　キーとなりそうな文にマーカーを引いたり、抜き書きをしたりしましょう。
　単語（キーワード）単位ではなく、文（センテンス）単位で抜き出す方が、後で要約文に組み立てやすくなります。

①随着互联网的发展，外卖已经成为了人们生活中重要的一部分。
②据央视称，截至2020年，我国的外卖用户已接近５亿人，最主要的消费
　人群是上班族和大学生。
③外卖便利快捷，省时省力，很好地满足了上班族和大学生的这些需求。
④目前国内最大的外卖平台是美团和饿了么。

キーセンテンスの順はそのままに、省略とパラフレーズを行う。

①随着互联网的发展，外卖已经成为了人们生活中重要的一部分。
　　直訳：インターネットの発展につれて、フードデリバリーはすでに人々の
　　　　　生活の中の重要な一部になった。

　　直訳の日本語について省略とパラフレーズをします。
　　　　インターネットの発展につれて、フードデリバリーは人々の生活に浸透
　　　した。
　　　　→随着互联网的发展，外卖已渗透到人们的生活。

②据央视称，截至2020年，我国的外卖用户已接近５亿人，最主要的消费
　人群是上班族和大学生。
　　直訳：中央テレビによると、2020年の時点で、わが国のフードデリバリー
　　　　　のユーザーは既に５億人弱であり、最も主要な消費グループは会社
　　　　　員と大学生である。

　　直訳の日本語について省略とパラフレーズをします。
　　　　中国のフードデリバリーのユーザーは主に会社員と大学生である。
　　　　→ 中国的外卖用户主要是上班族和大学生。

③外卖便利快捷，省时省力，很好地满足了上班族和大学生的这些需求。
　　直訳：フードデリバリーは便利で早く、時間と労力を省き、会社員と大学
　　　　　生のこれらニーズをうまく満たした。

　　直訳の日本語について省略とパラフレーズをします。
　　　　フードデリバリーは彼らのニーズをうまく満たした。
　　　　→ 外卖很好地满足了他们的需求。

④目前国内最大的外卖平台是美团和饿了么。
　　直訳：現在国内最大のフードデリバリー業者はメイトゥアンとウーラマで
　　　　　ある。

直訳の日本語について省略とパラフレーズをします。

　現在、メイトゥアンとウーラマは中国最大のフードデリバリー業者である。

　　→ 现在美团和饿了么是最大的外卖平台。

　最後に、①〜④の省略とパラフレーズをした文をつなげます。この時点で文字数制限があれば、調整します。

随着互联网的发展，外卖已渗透到人们的生活。我国的外卖用户主要是上班族和大学生。外卖很好地满足了他们的需求。现在美团和饿了么是中国最大的外卖平台。 **72字**

　文法ミスがないか、念を入れて確認しましょう。これで要約は完成です。

応用編

第8課　海外旅行

1 単語

 8-01

*[1]温饱	wēnbǎo	衣食が足りる（レベル）
*[1]小康	xiǎokāng	ややゆとりのある（レベル）
*[2]境外游	jìngwàiyóu	海外旅行 *"境外"は国境の外の意。
奢侈	shēchǐ	贅沢
*[2]出境游	chūjìngyóu	海外旅行 *"出境"は国境を出るという意味。
港澳台	Gǎng'ÀoTái	香港"香港"、マカオ"澳门"、台湾"台湾"
走马观花	zǒumǎ guānhuā	慌ただしくざっと見る
深度游	shēndùyóu	体験型旅行
"买买买"	"mǎi mǎi mǎi"	「買う　買う　買う」→「爆買い」
理智	lǐzhì	理性
"含金量"	"hánjīnliàng"	「金を含む量」→「価値」
进而	jìn'ér	そのうえで　さらには
免签	miǎnqiān	ビザ免除　ビザなし
落地签	luòdìqiān	アライバルビザ　到着ビザ
组团	zǔtuán	団体
商机	shāngjī	ビジネスチャンス

*[2]"温饱""小康"はそれぞれ中国の経済発展段階を示す言葉です。発展段階は、①"贫困"②"温饱"③"小康"④"全面小康"（地域格差を解消した"小康"）⑤"富裕"の5段階に分かれています。

*[2]香港・マカオ・台湾は、それぞれ中国本土から独立した出入国管理を実施していますので、"港澳台"への旅行は"境外游""出境游"であり、中国の観光旅行統計では「海外旅行」に分類されます（2021年現在）。

❷ 本文をチャンクで読む

　応用編のトレーニングの手順は次のとおりです。

①スマートフォンなどのタイマーをセットする。

　応用編では各課ごとに、本文に目を通し、分析し、口頭での直訳を終えるまでの目標時間を設定しています。

　時間内にできなくても落ち込む必要はありませんが、時間を意識したトレーニングは大切です。

②本文に一通り目を通す。

③チャンクごとに分析する。

　応用編では、より実践的に学ぶために、改行した文は用意してありません。しかし基礎編同様、述語となる動詞/形容詞や連体修飾語を構成する構造助詞の"的"にしるしをつけて分析を行いましょう。

④チャンクごとの直訳を日本語で声に出して言う。

　頭の中で訳すのと、その訳を声に出して言うのとは全く違います。本当に理解した内容しか声に出して言えないのです。つぶやく程度の声でかまいませんので、必ず声に出してトレーニングしてください。

　　第8課の目標時間は5分です。

　さあ、トレーニングをスタートしましょう。

随着中国人的生活水平从温饱提高到小康，境外游已经从少数人的"奢侈"变成了老百姓的兴趣爱好。

根据《2020中国出境旅游发展年度报告》，2019年出境游人数达到1.55亿人次，同比增长了3.3%。2019年出境游目的地仍以港澳台三地为众多游客的首选。

出境游的旅游方式近年也发生了变化。过去大多游客是"上车睡觉、下车拍照"、走马观花。如今，游客更注重深度游，深入体验异国风情与文化。境外购物也从以往一下车就疯狂地"买买买"到目前精挑细选地理智购物。曾经的"买马桶盖、背电饭锅"行为也逐渐变成人们的笑谈。

中国护照"含金量"的提升也促进了境外游的发展。目前已有72个国家和地区对中国公民提供免签或实施落地签，进而为中国公民组团出境提供了方便。

中国人出境旅游也同时为世界带来利益。2019年出境游客在境外的消费超过1338亿美元。一年1.55亿人次的庞大旅游人群为世界各国创造出巨大商机。不少国家纷纷推出各式各样的特色旅游产品与服务，吸引更多的中国游客。

396字

Suízhe Zhōngguórén de shēnghuó shuǐpíng cóng wēnbǎo tígāo dào xiǎokāng, jìngwàiyóu yǐjīng cóng shǎoshùrén de "shēchǐ" biànchéng le lǎobǎixìng de xìngqù àihào.

Gēnjù "èrlíng'èrlíng Zhōngguó chūjìng lǚyóu fāzhǎn niándù bàogào",èrlíngyījiǔ nián chūjìngyóu rénshù dádào yī diǎn wǔwǔ yì réncì, tóngbǐ zēngzhǎng le bǎifēnzhī sān diǎn sān. Èrlíngyījiǔ nián chūjìngyóu mùdìdì réng yǐ Gǎng'ÀoTái sāndì wéi zhòngduō yóukè de shǒuxuǎn.

Chūjìngyóu de lǚyóu fāngshì jìnnián yě fāshēng le biànhuà. Guòqù dàduō yóukè shì "shàngchē shuìjiào, xiàchē pāizhào", zǒumǎ guānhuā. Rújīn, yóukè gèng zhùzhòng shēndùyóu, shēnrù tǐyàn yìguó fēngqíng yǔ wénhuà. Jìngwài gòuwù yě cóng yǐwǎng yī xiàchē jiù fēngkuáng de "mǎi mǎi mǎi" dào mùqián jīngtiāo xìxuǎn de lǐzhì gòuwù. Céngjīng de "mǎi mǎtǒnggài, bēi diànfànguō" xíngwéi yě zhújiàn biànchéng le rénmen de xiàotán.

Zhōngguó hùzhào "hánjīnliàng" de tíshēng yě cùjìn le jìngwàiyóu de fāzhǎn. Mùqián yǐ yǒu qīshí'èr ge guójiā hé dìqū duì Zhōngguó gōngmín tígōng miǎnqiān huò shíshī luòdìqiān, jìn'ér wèi Zhōngguó gōngmín zǔtuán chūjìng tígōng le fāngbiàn.

Zhōngguórén chūjìng lǚyóu yě tóngshí wèi shìjiè dàilái lìyì. Èrlíngyījiǔ nián chūjìng yóukè zài jìngwài de xiāofèi chāoguò yīqiān sānbǎi sānshíbā yì Měiyuán. Yī nián yī diǎn wǔwǔ yì réncì de pángdà lǚyóu rénqún wèi shìjiè gèguó chuàngzào chū jùdà shāngjī. Bùshǎo guójiā fēnfēn tuīchū gèshì gèyàng de tèsè lǚyóu chǎnpǐn yǔ fúwù, xīyǐn gèng duō de Zhōngguó yóukè.

1	随着中国人的生活水平从温饱提高到小康,	1	
2	境外游已经从少数人的"奢侈"变成了老百姓的兴趣爱好。	2	
3	根据《2020中国出境旅游发展年度报告》,	3	
4	2019年出境游人数达到1.55亿人次,	4	"人次"の"次"は延べの数字を示す際に用います。
5	同比增长了3.3%。	5	"同比"は「前年同期比」。統計データを扱う文ではよく出てきます。
6	2019年出境游目的地仍以港澳台三地为众多游客的首选。	6	"仍"="仍然""依然" "以～为…"は「～を…とする」「首」は「初の」「第一の」「トップの」という意味。
7	出境游的旅游方式近年也发生了变化。	7	
8	过去大多游客是"上车睡觉、下车拍照"、走马观花。	8	
9	如今,	9	"如今"は、昔と比べて今は　というニュアンス。
10	游客更注重深度游,	10	
11	深入体验异国风情与文化。	11	"异国风情"は日本の漢字に置き換えれば理解可能。
12	境外购物也从以往一下车就疯狂地"买买买"到如今精挑细选地理智购物。	12	"从""到"に気づけば、状況の変化がよく把握できます。
13	曾经的"买马桶盖、背电饭锅"行为也逐渐成为了人们的笑谈。	13	"马桶盖"は「便座」ですが、ここでは「温水洗浄便座」のこと。
14	中国护照"含金量"的提升也促进了境外游的发展。	14	
15	目前已有72个国家和地区对中国公民提供免签或实施落地签,	15	"对"はその後の述語動詞の対象を示します。
16	进而为中国公民组团出境提供了方便。	16	"进而"は接続詞です。前のフレーズの基礎の上に、更に進んだ内容を

			表します。
17	中国人出境旅游也同时为世界带来利益。	17	"为"もその後の動詞の対象を示しますが、"对"と異なるのは「受益者」を示す点です。
18	2019年出境游客在境外的消费超过1338亿美元。	18	
19	一年1.55亿人次的庞大旅游人群为世界各国带来巨大商机。	19	"一年"は「１年間」＝「年間」の意。"为"は17に同じ。
20	不少国家纷纷推出各式各样的特色旅游产品与服务,	20	
21	吸引更多的中国游客。	21	

翻訳例と解説は ▶ p.144

4　音声を聞き、音読をして仕上げましょう

　センテンスごとにリピーティングし、音声ファイルの中国語をまねするつもりで音読してください。注意深く聴き、中国語らしいリズムの音読をすることで、読解だけでなく総合的な中国語の力がつきます。

 8-02

5　練習問題

　本文の内容を、中国語約100〜150字で要約してみましょう。

要約例は ▶ p.166

第9課　パンダの楽園

🔊 9-01

大熊猫	Dàxióngmāo	ジャイアントパンダ
憨态可掬	hāntài kě jū	無邪気でかわいい　天真爛漫な
栖息地	qīxīdì	生息地
列入	lièrù	組み入れる　加える
世界遗产名录	shìjiè yíchǎn mínglù	世界遺産リスト
热带雨林	rèdài yǔlín	熱帯雨林
植被种类	zhíbèi zhǒnglèi	植生の種類（植生とは陸上に生育する植物の集団をいう）
完整	wánzhěng	完全な
小熊猫	xiǎoxióngmāo	レッサーパンダ
川金丝猴	chuānjīnsīhóu	キンシコウ（金絲猴）
濒危物种	bīnwēiwùzhǒng	絶滅危惧種
亲眼	qīnyǎn	自分の目で
目睹	mùdǔ	目の当たりにする　見る
姿态	zītài	姿形
繁育	fányù	繁殖
饲养员	sìyǎng yuán	飼育員
喂	wèi	えさをやる
年龄段	niánlíng duàn	世代　年齢層
玩耍	wánshuǎ	ふざける　遊ぶ
市区	shìqū	市街地
游客	yóukè	観光客
偏远	piānyuǎn	辺鄙な　人里離れた
雅安碧峰峡	Yǎ'ān Bìfēng Xiá	雅安碧峰峡（四川省雅安市にある碧峰峡、景勝地として有名）

圆滚滚	yuángǔngǔn	丸々と太った
凉爽	liángshuǎng	涼しい
活泼好动	huópō hàodòng	活発に動き回る
懒洋洋	lǎnyángyáng	だらだらと
幼仔	yòuzǎi	動物の赤ちゃん
粉嘟嘟	fěndūdū	かわいい

※中国は2021年7月現在、ジャイアントパンダを絶滅危惧種から、危急種に引き下げました。

❷ 本文をチャンクで読む

応用編のトレーニングの手順は次のとおりです。

①スマートフォンなどのタイマーをセットする。

応用編では各課ごとに、本文に目を通し、分析し、口頭での直訳を終えるまでの目標時間を設定しています。

時間内にできなくても落ち込む必要はありませんが、時間を意識したトレーニングは大切です。

②本文に一通り目を通す。

③チャンクごとに分析する。

応用編では、より実践的に学ぶために、改行した文は用意してありません。しかし基礎編同様、述語となる動詞/形容詞や連体修飾語を構成する構造助詞の"的"にしるしをつけて分析を行いましょう。

④チャンクごとの直訳を日本語で声に出して言う。

頭の中で訳すのと、その訳を声に出して言うのとは全く違います。本当に理解した内容しか声に出して言えないのです。つぶやく程度の声でかまいませんので、必ず声に出してトレーニングしてください。

第9課の目標時間は5分です。

さあ、トレーニングをスタートしましょう。

大熊猫憨态可掬，是中国的国宝。四川大熊猫栖息地于2006年被列入《世界遗产名录》，成为中国第32处自然遗产。总面积为9245平方公里，是除热带雨林外植被种类最丰富的地区。这里生活着全世界30%以上的野生大熊猫，是全球最大、最完整的大熊猫栖息地，也是小熊猫、川金丝猴等濒危物种的栖息地。

　　想在四川亲眼目睹大熊猫可爱的姿态，可以参观大熊猫的研究中心。其中，比较有名的是成都大熊猫繁育研究中心。在这里可以看到饲养员给大熊猫喂早餐，观察不同年龄段的大熊猫吃饭玩耍。成都大熊猫繁育研究中心离市区较近，交通便利，游客也比较多。如果想避开拥挤的人群，可以去偏远一点儿的大熊猫研究中心雅安碧峰峡基地。基地内有许多高树，能看到大熊猫在树上休息。别看大熊猫圆滚滚的，爬起树来速度可不慢。

　　大熊猫喜冷怕热，最好选择气温凉爽的时候去。上午的大熊猫更加活泼好动，下午吃饱之后，大部分时间在懒洋洋地睡觉。熊猫幼仔通常在 7 月至 9 月出生，如果想看粉嘟嘟的新生幼仔，最好在这个季节来。

414字

Dàxióngmāo hāntài kě jū, shì Zhōngguó de guóbǎo. Sìchuān dàxióngmāo qīxīdì yú èrlínglíngliù nián bèi lièrù "shìjiè yíchǎn mínglù", chéngwéi Zhōngguó dì sānshíèr chù zìrán yíchǎn. Zǒngmiànjī wéi jiǔqiān èrbǎi sìshíwǔ píngfāng gōnglǐ, shì chú rèdài yǔlín wài zhíbèi zhǒnglèi zuì fēngfù de dìqū. Zhèlǐ shēnghuó zhe quánshìjiè bǎifēnzhī sānshí yǐshàng de yěshēng dàxióngmāo, shì quánqiú zuìdà, zuì wánzhěng de dàxióngmāo qīxīdì, yě shì xiǎoxióngmāo, chuānjīnsīhóu děng bīnwēi wùzhǒng de qīxīdì.

Xiǎng zài Sìchuān qīnyǎn mùdǔ dàxióngmāo kě'ài de zītài, kěyǐ cānguān dàxióngmāo de yánjiū zhōngxīn. Qízhōng, bǐjiào yǒumíng de shì Chéngdū dàxióngmāo fányù yánjiū zhōngxīn. Zài zhèlǐ kěyǐ kàndào sìyǎng yuán gěi dàxióngmāo wèi zǎocān, guānchá bùtóng niánlíng duàn de dàxióngmāo chīfàn wánshuǎ. Chéngdū dàxióngmāo fányù yánjiū zhōngxīn lí shìqū jiào jìn, jiāotōng biànlì, yóukè yě bǐjiào duō. Rúguǒ xiǎng bìkāi yōngjǐ de rénqún, kěyǐ qù piānyuǎn yīdiǎnr de dàxióngmāo yánjiū zhōngxīn Yǎ'ān Bìfēng Xiá jīdì. Jīdì nèi yǒu xǔduō gāoshù, néng kàndào dàxióngmāo zài shù shang xiūxi. Bié kàn dàxióngmāo yuángǔngǔn de, pá qǐ shù lái sùdù kě bù màn.

Dàxióngmāo xǐ lěng pà rè, zuìhǎo xuǎnzé qìwēn liángshuǎng de shíhòu qù. Shàngwǔ de dàxióngmāo gèngjiā huópō hàodòng, xiàwǔ chībǎo zhī hòu, dàbùfèn shíjiān zài lǎnyángyáng de shuìjiào. Xióngmāo yòuzǎi tōngcháng zài qīyuè zhì jiǔyuè chūshēng, rúguǒ xiǎng kàn fěndūdū de xīnshēng yòuzǎi, zuìhǎo zài zhège jìjié lái.

1	大熊猫 憨态可掬,	1	"憨态可掬"を知らなくてもあわてずに、センテンスの最後まで目を通しましょう。
2	是中国的国宝。	2	
3	四川 大熊猫 栖息地 于2006年 被列入《世界遗产名录》,	3	"于" = "在"
4	成为中国第32处自然遗产。	4	世界遺産には文化遺産や自然遺産などがあります。
5	总面积为9245平方公里,	5	
6	是除热带雨林外植被种类最丰富的地区。	6	"除～～外" = "除了～～以外"
7	这里生活着全世界30%以上的野生大熊猫,	7	7～9は、主語"这里"に"生活着""是""也是"から始まる動詞フレーズが連なっています。
8	是全球最大、最完整的大熊猫栖息地,	8	
9	也是小熊猫、川金丝猴等濒危物种的栖息地。	9	
10	想在四川亲眼目睹大熊猫可爱的姿态,	10	
11	可以参观大熊猫的研究中心。	11	"中心"は、ここでは「～センター」の意。
12	其中,	12	
13	比较有名的是成都大熊猫繁育研究中心。	13	"的"の後ろに名詞はありませんが、被修飾語の名詞が省略されています。___部分は目的語フレーズです。
14	在这里可以看到饲养员给大熊猫喂早餐,	14	
15	观察不同年龄段近的大熊猫吃饭玩耍。	15	13に同じ。
16	成都大熊猫繁育中心离市区较近,	16	16～18は、主語"成都大熊猫繁育中心"に、"较近""便利""也比较多"を含む形容詞フレーズが連なっています。
17	交通便利,	17	

18	游客也比较多。
19	如果想避开拥挤的人群，
20	可以去偏远一点的大熊猫研究中心雅安碧峰峡基地。
21	基地内有许多高树，
22	能看到大熊猫在树上休息。
23	别看大熊猫圆滚滚的，
24	爬起树来速度可不慢。
25	大熊猫喜冷怕热，
26	最好选择气温凉爽的时候去。
27	上午的大熊猫更加活泼好动，
28	下午吃饱之后，
29	大部分时间在懒洋洋地睡觉。
30	熊猫幼仔通常在7月至9月出生，
31	如果想看粉嘟嘟的新生幼仔，
32	最好在这个季节来。

18	
19	
20	"大熊猫研究中心"と"雅安碧峰峡基地"は密着しており、「パンダ研究センターの雅安碧峰峡基地」という意味です。
21	
22	＿＿部分は目的語フレーズです。
23	"别看"「〜だけれども」は接続詞として理解しましょう。
24	強調の副詞"可"は否定の副詞"不"を修飾しています。
25	"喜冷怕热"は成語のように見えますが、分析すれば容易に理解できる言葉だと分かります。
26	"最好"は副詞で「〜した方が良い」という意味です。
27	
28	
29	
30	
31	"新生"は「生まれたばかりの」という意味です。
32	26に同じ。

翻訳例と解説は▶ p.146

4 音声を聞き、音読をして仕上げましょう

　センテンスごとにリピーティングし、音声ファイルの中国語をまねするつもりで音読してください。

🔊 9-02

5 練習問題

本文の内容を、中国語約100〜150字で要約してみましょう。 要約例は▶ p.166

第10課 急激な高齢化と経済

1 単語

 ◀))) 10-01

人口老龄化	rénkǒu lǎolínghuà	高齢化
基数	jīshù	基数（計算の基準となる数）
老年人口	lǎonián rénkǒu	高齢者人口
高龄化趋势	gāolínghuà qūshì	高齢化する傾向
老龄化社会	lǎolínghuà shèhuì	高齢化社会
老龄社会	lǎolíng shèhuì	高齢社会
日益	rìyì	日増しに
银发浪潮	yínfà làngcháo	銀髪の波 → 高齢化の波
养老问题	yǎnglǎo wèntí	老後の問題　高齢者問題
*二孩政策	èrhái zhèngcè	「二人っ子」政策
劳动适龄人口	láodòng shìlíng rénkǒu	生産年齢人口
阻碍	zǔ'ài	妨げる
核心	héxīn	核　中心　要点
多元产业	duōyuán chǎnyè	多様な産業
银色经济	yínsè jīngjì	シルバー経済
饮食	yǐnshí	飲食　食事
服饰	fúshì	服飾　衣服
保健用品	bǎojiàn yòngpǐn	ヘルスケア製品
"银色产业"	"yínsè chǎnyè"	「シルバー産業」
经济增长点	jīngjì zēngzhǎngdiǎn	経済の成長点
"老有所终"	"Lǎo yǒu suǒ zhōng"	「高齢者が安心して老後を過ごせる」「幸福な老後」
憧憬	chōngjǐng	憧れ
完备	wánbèi	完備している
考验	kǎoyàn	試練を与える　検証する　試す

＊“二孩政策”：「二人っ子」政策とは、出生率の低下に伴い人口抑制政策の一人っ子政策（1組の夫婦に子どもは1人まで）が撤廃され、2016年から実施された政策（1組の夫婦に子ども2人まで）である。しかし少子化傾向に歯止めがかからず、2021年に“三孩生育政策”の実施が発表された。

② 本文をチャンクで読む

　応用編のトレーニングの手順は次のとおりです。

①スマートフォンなどのタイマーをセットする。

　応用編では各課ごとに、本文に目を通し、分析し、口頭での直訳を終えるまでの目標時間を設定しています。

　時間内にできなくても落ち込む必要はありませんが、時間を意識したトレーニングは大切です。

②本文に一通り目を通す。

③チャンクごとに分析する。

　応用編では、より実践的に学ぶために、改行した文は用意してありません。しかし基礎編同様、述語となる動詞/形容詞や連体修飾語を構成する構造助詞の“的”にしるしをつけて分析を行いましょう。

④チャンクごとの直訳を日本語で声に出して言う。

　頭の中で訳すのと、その訳を声に出して言うのとは全く違います。本当に理解した内容しか声に出して言えないのです。つぶやく程度の声でかまいませんので、必ず声に出してトレーニングしてください。

第10課の目標時間は6分です。

　さあ、トレーニングをスタートしましょう。

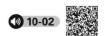

上世纪90年代以来，中国的人口老龄化进程加快。据《中国发展报告2020》分析，人口基数大、发展速度快是中国人口老龄化典型的特征。报告预测，中国将在2022年左右，由老龄化社会进入老龄社会，届时65岁及以上人口将占总人口的14%以上。预计到2040年，65岁及以上老年人口占总人口的比例将超过20%。与此同时，老年人口高龄化趋势日益明显：80岁及以上高龄老人正以每年５％的速度增加，到2040年将增加到7400多万人。

伴随银发浪潮的到来,养老问题已经是成为关系经济发展的大问题。尽管国家全面放开二孩政策，但目前并没有使老龄化速度放缓,老龄化的速度持续加快。人口老龄化使劳动适龄人口占总人口中的比例下降，一定程度上阻碍了经济发展。虽然中国的老龄化面对着各种挑战，但更有以老年服务产业为核心的多元产业发展的机遇,即银色经济时代已经到来。

例如：老年人对老年饮食、老年服饰、养生保健用品等均有较大需求。这些"银色产业"将在老年人需求的拉动下迅速发展，促进产业和经济结构调整。医疗保健仍是老年经济的主要部分，老年旅游、老年教育等文化上的需求也将形成商机。这不仅能满足老年人口的消费需求，还能形成新的经济增长点，推动经济发展。

老年人的今天就是每个人的明天。"老有所终"是中国人对理想社会的美好憧憬。能否为老年人提供完备的养老服务与保障，也是考验政府公共服务水平的关键。

553字

Shàng shìjì jiǔshí niándài yǐlái, Zhōngguó de rénkǒu lǎolínghuà jìnchéng jiākuài. Jù "Zhōngguó fāzhǎn bàogào èrlíng'èrlíng" fēnxī, rénkǒu jīshù dà, fāzhǎn sùdù kuài shì Zhōngguó rénkǒu lǎolínghuà diǎnxíng de tèzhēng. Bàogào yùcè, Zhōngguó jiāng zài èrlíng'èr⟩èr nián zuǒyòu, yóu lǎolínghuà shèhuì jìnrù lǎolíng shèhuì, jièshí liùshíwǔ suì jí yǐshàng rénkǒu jiāng zhàn zǒngrénkǒu de bǎifēnzhī shísì yǐshàng. Yùjì dào èrlíngsìlíng nián, liùshíwǔ suì jí yǐshàng lǎonián rénkǒu zhàn zǒngrénkǒu de bǐlì jiāng chāoguò bǎifēnzhī èrshí. Yǔcǐ tóngshí, lǎonián rénkǒu gāolínghuà qūshì rìyì míngxiǎn : Bāshí suì jí yǐshàng gāolíng lǎorén zhèng yǐ měinián bǎifēnzhī wǔ de sùdù zēngjiā, dào èrlíngsìlíng nián jiāng zēngjiā dào qīqiān sìbǎi duō wàn rén.

Bànsuí yínfà làngcháo de dàolái, yǎnglǎo wèntí yǐjīng shì guānxì jīngjì fāzhǎn de dà wèntí. Jǐnguǎn guójiā quánmiàn fàng kāi èr hái zhèngcè, dàn mùqián bìng méiyǒu shǐ lǎolíng huà sùdù fàng huǎn, lǎolíng huà de sùdù chíxù jiākuài. Rénkǒu lǎolíng huà shǐ láodòng shìlíng rénkǒu zhàn zǒng rénkǒu zhōng de bǐlì xiàjiàng, yīdìng chéngdù shàng zǔ'ài le jīngjì fāzhǎn. Suīrán Zhōngguó de lǎolíng huà miànduì zhe gè zhǒng tiǎozhàn, dàn gèng yǒu yǐ lǎonián fúwù chǎnyè wéi héxīn de duōyuán chǎnyè fāzhǎn de jīyù, jí yínsè jīngjì shídài yǐjīng dàolái.

Lìrú: Lǎonián rén duì lǎonián yǐnshí, lǎonián fúshì, yǎngshēng bǎojiàn yòngpǐn děng jūn yǒu jiào dà xūqiú. Zhèxiē "yínsè chǎnyè" jiāng zài lǎonián rén xūqiú de lādòng xià xùnsù fāzhǎn, cùjìn chǎnyè hé jīngjì jiégòu tiáozhěng. Yīliáo bǎojiàn réng shì lǎonián jīngjì de zhǔyào bùfèn, lǎonián lǚyóu, lǎonián jiàoyù děng wénhuà shàng de xūqiú yě jiāng xíngchéng shāngjī. Zhè bù jǐn néng mǎnzú lǎonián rénkǒu de xiāofèi xūqiú, hái néng xíngchéng xīn de jīngjì zēngzhǎngdiǎn, tuīdòng jīngjì fāzhǎn.

Lǎonián rén de jīntiān jiùshì měi ge rén de míngtiān. "Lǎo yǒu suǒ zhōng" shì zhōngguó rén duì lǐxiǎng shèhuì de měihǎo chōngjǐng. Néng fǒu wèi lǎonián rén tígōng wánbèi de yǎnglǎo fúwù yǔ bǎozhàng, yě shì kǎoyàn zhèngfǔ gōnggòng fúwù shuǐpíng de guānjiàn.

1	上世纪90年代以来，	1	"上世纪"は「前の世紀」すなわち20世紀のこと。20世紀の90年代 →1990年代
2	中国的人口老龄化进程加快。	2	
3	据《中国发展报告2020》分析，	3	
4	人口基数大、发展速度快是中国人口老龄化典型的特征。	4	"是"の前の主部は「主語＋述語フレーズ」です。
5	报告预测，	5	
6	中国将在2022年左右，	6	
7	由老龄化社会进入老龄社会，	7	"由〜"は「〜から」という意味です。
8	届时65岁及以上人口将占总人口	8	"65岁以上"という表記では、65歳を
9	的14%以上。	9	含むか否かという曖昧さがあり、それを避けるため、"65岁及以上"という表記を用いています。直訳すると「65歳及びそれ以上」となり、「65歳以上」という意味です。
10	预计到2040年，	10	"到"は動詞の後ろに置き、「その動詞がどの程度まで達するか」という補語の機能を果たします。
11	65岁及以上老年人口占总人口的比例将超过20%。	11	"的"の前は連体修飾語ですから、連体修飾語の中の動詞"占"は述語動詞ではありません。
12	与此同时，	12	
13	老年人口高龄化趋势日益明显：	13	
14	80岁及以上高龄老人正以每年5%的速度增加，	14	"正"は"正在"に同じ。"以"は「〜で／〜をもって」の意。
15	到2040年将增加到7400多万人。	15	この"到"は10と同じ用法です。
16	伴随银发浪潮的到来，	16	
17	养老问题已经是关系经济发展的大问题。	17	"关系"は名詞用法が多いのですが、ここは動詞です。「〜に関係する」
18	尽管国家全面放开二孩政策，	18	"尽管"は「〜であるが／〜だとしても」
19	但目前并没有使老龄化速度放缓，	19	使役文の否定形です。

20	老龄化的速度持续加快。	20	
21	人口老龄化使劳动适龄人口占总人口中的比例下降,	21	長い連体修飾語に惑わされないように。
22	一定程度上阻碍了经济发展。	22	
23	虽然中国的老龄化面对着各种挑战,	23	"挑战"は「課題」「チャレンジ」と訳すとスムーズに理解できます。
24	但更有以老年服务产业为核心的多元产业发展的机遇,	24	"以～为…"は「～を…する」。長い連体修飾語に注意しましょう。
25	即银色经济时代已经到来。	25	
26	例如:	26	
27	老年人对老年饮食、老年服饰、养生保健用品等均有较大需求。	27	"均有"＝"都有"
28	这些 "银色产业 "将在老年人需求的拉动下迅速发展,	28	"在～下"は、「～という条件下で」。
29	促进产业和经济结构调整。	29	
30	医疗保健仍是老年经济的主要部分,	30	"医疗保健"はmedical care、「医療」のことです。 "仍"＝"仍然"
31	老年旅游、老年教育等文化上的需求也将形成商机。	31	
32	这不仅能满足老年人口的消费需求,	32	"满足"は「満たす」と覚えておきましょう。
33	还能形成新的经济增长点,	33	
34	推动经济发展。	34	
35	老年人的今天就是每个人的明天。	35	"就是"は「～こそ…である」という強調の表現です。
36	"老有所终" 是中国人对理想社会的美好憧憬。	36	
37	能否为老年人提供完备的养老服务与保障,	37	"能否"＝"能够不能够"
38	也是考验政府公共服务水平的关键。	38	ここの"考验"は動詞用法です。

翻訳例と解説は▶ p.148

91

音声を聞き、音読をして仕上げましょう

　センテンスごとにリピーティングし、音声ファイルの中国語をまねするつもりで音読してください。注意深く聴き、中国語らしいリズムの音読をすることで、読解だけでなく総合的な中国語の力がつきます。

 練習問題

　本文の内容を、中国語約100〜150字で要約してみましょう。

要約例は▶ p.166

チャンクで聞く　チャンクで話す

　本書では読解のためにチャンク単位で理解することを勧めています。このチャンク単位で理解する方法は、実は読解だけではなく、リスニングやスピーキングにも有効なのです。

　本書の中国語音声を聞いてみてください。"逗号"や"句号"で短いポーズが入っていることにお気づきかと思います。

　この短いポーズに注意を払わず、とにかくひたすら、何度も繰り返し聞いているという人はいませんか？残念ながら、それは時間の無駄というものです。幼い子どもならいざ知らず、大人の脳に「シャワーのように聞く」だけのトレーニングはまったく意味がありません。

　中国語を話せるようになりたいと、短期留学した結果、ブロークンチャイニーズだけを習得してきた人もいるでしょう。文法ミスが多く、あまり内容のない、欠点だらけの中国語をブロークンチャイニーズと言います。こういう人はベラベラ話すので、ちょっと聞くと「すごい」という印象を与えるのですが、実は言葉数がやたら多いだけというケースもあるように感じます。

　このようなリスニングやスピーキングの課題を自覚している人こそ「チャンク」で学んでください。

　相手の中国語を正確にキャッチし、自分の意思を中国語で的確に伝えたいのであれば、まず「チャンクで読む」ことです。中級以上の学習者には、「読む」ことこそ「聞く」「話す」の基本だからです。「チャンクで読む」ことを通じて、中国語の仕組みをしっかり理解しましょう。それからリスニングやスピーキングのトレーニングを始めていただければ、スムーズに上達するはずです。

第11課 インターネットと人々の生活

1 単語

 11-01

科幻片	kēhuànpiān	SF映画
《回到未来2》	《Huídào wèilái èr》	「バック・トゥ・ザ・フューチャー PART2」
横空出世	héngkōng chūshì	突如世に現れる
时光机	shíguāngjī	タイムマシン
惊叹	jīngtàn	驚嘆する
匪夷所思	fěiyí suǒsī	思いもよらない
稀奇	xīqí	珍しい
视频对话	shìpín duìhuà	テレビ電話
指纹验证支付	zhǐwén yànzhèng zhīfù	指紋認証決済
悬浮滑板	xuánfú huábǎn	ホバーボード
可穿戴技术	kěchuāndài jìshù	ウエアラブル技術
翻天覆地	fāntiān fùdì	きわめて大きな変化
壁垒	bìlěi	壁　障壁
随时随地	suíshí suídì	いつでもどこでも
资讯	zīxùn	情報（"信息"に同じ。香港・台湾から大陸に広がった言葉）
良莠不齐	liángyǒu bùqí	玉石混交　良い物と悪い物が混在する
甄别	zhēnbié	見分ける
筛选	shāixuǎn	ふるいにかける　選別する
购物	gòuwù	ショッピング
便捷	biànjié	手軽
金融科技	jīnróng kējì	フィンテック
业余生活	yèyú shēnghuó	余暇
交友范围	jiāoyǒu fànwéi	交友範囲
微信	Wēixìn	ウィーチャット（中国のメッセンジャーアプリ）

不可或缺	bùkě huòquē	欠かせない　必要不可欠である
风生水起	fēngshēng shuǐqǐ	勢いよく発展する
两位数	liǎngwèishù	2桁（ふたけた）
便民服务	biànmín fúwù	市民サービス
应运	yìngyùn	機運に乗じて
譬如	pìrú	例えば
远程诊疗	yuǎnchéng zhěnliáo	遠隔診療　リモート診療　オンライン診療
招聘平台	zhāopìn píngtái	求人サイト
人才招聘会	réncái zhāopìnhuì	就職説明会　企業説明会
理财	lǐcái	資産運用
网贷	wǎngdài	ネット・ローン
极致	jízhì	極致　極めつけの　最高の
未知数	wèizhīshù	未知数　今後の見通しがつかない
毋庸	wúyōng	〜する必要はない　〜するには及ばない
置疑	zhìyí	疑いを抱く

② 本文をチャンクで読む

応用編のトレーニングの手順は次のとおりです。

①スマートフォンなどのタイマーをセットする。

応用編では各課ごとに、本文に目を通し、分析し、口頭での直訳を終えるまでの目標時間を設定しています。

時間内にできなくても落ち込む必要はありませんが、時間を意識したトレーニングは大切です。

②本文に一通り目を通す。

③チャンクごとに分析する。

応用編では、より実践的に学ぶために、改行した文は用意してありません。しかし基礎編同様、述語となる動詞/形容詞や連体修飾語を構成する構造助詞の"的"にしるしをつけて分析を行いましょう。

④チャンクごとの直訳を日本語で声に出して言う。

　頭の中で訳すのと、その訳を声に出して言うのとは全く違います。本当に理解した内容しか声に出して言えないのです。つぶやく程度の声でかまいませんので、必ず声に出してトレーニングしてください。

第11課の目標時間は6分30秒です。
　さあ、トレーニングをスタートしましょう。

　1989年有一部美国科幻片《回到未来2》横空出世。电影中的主人公乘坐时光机到达的未来世界令人惊叹。但现在，电影中让人感到匪夷所思的画面都毫不稀奇了。电影中出现的视频对话、3D电影、指纹验证支付、悬浮滑板、可穿戴技术都早已实现。使几十年前的科学幻想变为现实的就是当今的互联网科学技术。

　从上世纪90年代至21世纪的今天，互联网给人们的生活带来了翻天覆地的变化。

　拥有巨大信息量的互联网消除了信息壁垒。人们随时随地都能瞬时掌握世界各地资讯。尽管网络上的信息良莠不齐，需要甄别、筛选，但互联网仍是人们获得信息的重要手段。

　互联网让人们的购物变得更加便捷。人们可以居家使用手机、电脑等设备轻松购物。金融科技的发展也促进了网络购物与支付。

　互联网还丰富了人们的业余生活。网上看电影、欣赏音乐会、网上购票已渗透至人们的娱乐生活。互联网还扩大了人们的交友范围，微信等社交网站已成为人们生活中不可或缺的一部分。

　近年来，互联网和相关服务业可谓风生水起，利润持续保持两位数增长。各种便民服务应运而生。譬如：互联网医院推出远程诊疗；招聘平台上举办人才招聘会；金融机构提供网络理财、网贷、保险等各类互联网服务。

　未来的互联网将会如何发展？未来的互联网将做到何种极致？尽管目前

还是未知数，但有一点毋庸置疑。那就是未来人们的生活也将离不开互联网。

548字

　　Yījiǔbājiǔ nián yǒu yībù Měiguó kēhuànpiān "Huídào wèilái èr" héng kōng chū shì. Diànyǐng zhōng de zhǔréngōng chéngzuò shíguāngjī dàodá de wèilái shìjiè lìng rén jīngtàn. Dàn xiànzài, diànyǐng zhōng ràng rén gǎndào fěi yí suǒ sī de huàmiàn dōu háobù xīqí le. Diànyǐng zhōng chūxiàn de shìpín duìhuà, sān D diànyǐng, zhǐwén yànzhèng zhīfù, xuánfú huábǎn, kěchuāndài jìshù dōu zǎoyǐ shíxiàn. Shǐ jǐshí nián qián de kēxué huànxiǎng biàn wéi xiànshí de jiùshì dāngjīn de hùliánwǎng kēxué jìshù.

　　Cóng shàng shìjì jiǔshí niándài zhì èrshíyī shìjì de jīntiān, hùliánwǎng gěi rénmen de shēnghuó dàilái le fān tiān fù dì de biànhuà.

　　Yōngyǒu jùdà xìnxīliàng de hùliánwǎng xiāochúle xìnxī bìlěi. Rénmen suíshí suídì dōu néng shùnshí zhǎngwò shìjiè gèdì zīxùn. Jǐnguǎn wǎngluò shàng de xìnxī liáng yǒu bù qí, xūyào zhēnbié, shāixuǎn, dàn hùliánwǎng réng shì rénmen huòdé xìnxī de zhòngyào shǒuduàn.

　　Hùliánwǎng ràng rénmen de gòuwù biàn de gèngjiā biànjié. Rénmen kěyǐ jūjiā shǐyòng shǒujī, diànnǎo děng shèbèi qīngsōng gòuwù. Jīnróng kējì de fāzhǎn yě cùjìn le wǎngluò gòuwù yǔ zhīfù.

　　Hùliánwǎng hái fēngfù le rénmen de yèyú shēnghuó. Wǎngshàng kàn diànyǐng, xīnshǎng yīnyuèhuì, wǎngshàng gòupiào yǐ shèntòuzhì rénmen de yúlè shēnghuó. Hùliánwǎng hái kuòdà le rénmen de jiāoyǒu fànwéi, wēixìn děng shèjiāo wǎngzhàn yǐ chéngwéi rénmen shēnghuó zhōng bùkě huòquē de yī bùfèn.

　　Jìnnián lái, hùliánwǎng hé xiāngguān fúwùyè kěwèi fēngshēng shuǐqǐ, lìrùn chíxù bǎochí liǎngwèi shù zēngzhǎng. Gèzhǒng biànmín fúwù yìng yùn ér shēng. Pìrú: hùliánwǎng yīyuàn tuīchū yuǎnchéng zhěnliáo; zhāopìn píngtái shàng jǔbàn réncái zhāopìnhuì; jīnróng jīgòu tígōng wǎngluò lǐcái, wǎngdài, bǎoxiǎn děng gèlèi hùliánwǎng fúwù. Wèilái de hùliánwǎng jiāng huì rúhé fāzhǎn? Wèilái de hùliánwǎng jiāng zuòdào hézhǒng jízhì? Jǐnguǎn mùqián háishì wèizhīshù, dàn yǒu yīdiǎn wúyōng zhìyí. Nà jiùshì wèilái rénmen de shēnghuó yě jiāng líbukāi hùliánwǎng.

	中文		解説
1	1989年有一部美国科幻片《回到未来2》横空出世。	1	
2	电影中的主人公乘坐时光机到达的未来世界令人惊叹。	2	長い主語ですが、中心語が分かれば容易に理解できます。
3	但现在,	3	
4	电影中让人感到匪夷所思的画面都毫不稀奇了。	4	述語動詞をきちんととらえましたか？___部分は目的語フレーズです。
5	电影中出现的视频对话、3D电影、指纹验证支付、悬浮滑板、可穿戴技术都早已实现。	5	連体修飾語の後の中心語が複数あることに気が付けば、ここは容易に理解できます。
6	使几十年前的科学幻想成为现实的就是当今的互联网科学技术。	6	述語動詞が分かれば、シンプルな構文であると分かります。
7	从上世纪90年代至21世纪的今天,	7	"至"＝"到"
8	互联网给人们的生活带来了翻天覆地的变化。	8	
9	拥有巨大信息量的互联网消除了信息壁垒。	9	"拥有"は「所有する／有する」などと訳せます。
10	人们随时随地都能瞬时掌握世界各地资讯。	10	
11	尽管网络上的信息良莠不齐,	11	"尽管"は「〜ではあるが」という意味さえ把握していれば、"尽管〜但"の呼応という知識がなくても問題ありません。
12	需要甄别、筛选,	12	"甄别、筛选"という単語を知らなくても"别""选"という文字から意味を推測して読み続けましょう。
13	但互联网仍是人们获得信息的重要手段。	13	"仍"＝"仍然"
14	互联网让人们的购物变得更加便捷。	14	"让"は「使役文」のマークです。
15	人们可以居家使用手机、电脑等设备轻松购物。	15	

16	金融科技的发展也促进了网络购物与支付。	16	"支付"は「支払い」「決済」という意味です。
17	互联网还丰富了人们的业余生活。	17	"丰富"は形容詞としての用法が多いのですが、動詞としてもよくつかわれます。「豊かにする」と覚えましょう。
18	网上看电影、欣赏音乐会、网上购票已渗透至人们的娱乐生活。	18	"已渗透至"="已经渗透到"
19	互联网还扩大了人们的交友范围,	19	
20	微信等社交网站已成为人们生活中不可或缺的一部分。	20	"不可或缺"は"不可"の意味を覚えておけば困りません。"不可"="不可以"「～できない」という意味です。
21	近年来,	21	
22	互联网和相关服务业可谓风生水起,	22	"可谓"="可以说是／可以称为"
23	利润持续保持两位数增长。	23	"两位数增长"は「2桁の成長（増加)」という意味です。
24	各种便民服务应运而生。	24	"应运而生"="适应时代的需要而发生"
25	譬如:	25	"譬如"="比如""例如"
26	互联网医院推出远程诊疗;	26	
27	招聘平台上举办人才招聘会;	27	
28	金融机构提供网络理财、网贷、保险等各类互联网服务。	28	"网络理财、网贷、保险"を知らなくても"等各类互联网服务"が分かれば大意は理解できます。
29	未来的互联网将会如何发展?	29	"将"は未来の時制を示す副詞です。"发展"には「変化する／展開する／成長する」などの意味もあります。
30	未来的互联网将做到何种极致?	30	"何"="什么"
31	尽管目前还是未知数,	31	"还是"は副詞です。"未知数"はここでは「今後の見通しがつかない」という形容詞用法と考えられます。
32	但有一点毋庸置疑。	32	"毋庸"は書き言葉です。"无需置疑"とも言います。
33	那就是未来人们的生活也将离不开互联网。	33	"就"は続くフレーズの意味を強調する副詞です。

翻訳例と解説は▶ p.150

　センテンスごとにリピーティングし、音声ファイルの中国語をまねするつもりで音読してください。注意深く聴き、中国語らしいリズムの音読をすることで、読解だけでなく総合的な中国語の力がつきます。

 11-02

5 練習問題

　本文の内容を、中国語約100〜150字で要約してみましょう。

要約例は ▶ p.166

おなじみの成語　意味が違います

　同じ漢字表記でも日本語と中国語では異なる意味の場合があります。単語の意味の違いは中国語学習者でしたら、どなたでもご存じでしょう。

　しかし、単語ではなく「成語」にも、同じ表記で日本語と中国語では意味が違うものがあります。特に私たち日本人の生活に浸透したよく知られている成語の中に、中級〜上級学習者でもうっかり間違えてしまう「成語」があるのです。

　例えば、他山の石・一刀両断・朝三暮四・苦肉の策など、話し言葉でも用いられるほど日本語になじんでいます。もちろん、それぞれの意味がよく分かっているからこそ、日常的に使われるのですが、これらの中国から伝わってきた成語が、中国語の文中に出てきた際、辞書で確認しないと思わぬミスにつながります。

　参考までに日本語と中国語の意味の違いを表にしました。意味は分かっているなどと思い込んでいると、痛い目に遭いますよ。

日本語の意味	日本語	中国語	中国語の意味
巧みな言葉で人を欺く	朝三暮四 ちょうさんぼし	朝三暮四 zhāo sān mù sì	考えや主張が変わりやすい
思い切って物事を処理する	一刀両断 いっとうりょうだん	一刀両断 yī dāo liǎng duàn	きっぱりと関係を断つ
自分より劣る人の言行も 自分の修養に役立つ	他山の石 たざんのいし	他山之石 tā shān zhī shí	自分の欠点を正すのに 役立つ人または意見
苦労して考え出した手立て	苦肉の策 くにくのさく	苦肉計 kǔ ròu jì	自分を犠牲にして相手を欺く策略

第12課 ジェンダー問題

1 単語

 12-01

性别问题	xìngbié wèntí	ジェンダー問題
联合国	Liánhéguó	国連
可持续发展目标	kěchíxù fāzhǎn mùbiāo	持続可能な開発目標（SDGs）
权能	quánnéng	エンパワーメント
生育	shēngyù	育児
无偿	wúcháng	無償
护理	hùlǐ	介護
性别偏见	xìngbié piānjiàn	ジェンダーバイアス
男主外，女主内	nánzhǔwài, nǚzhǔnèi	男は仕事、女は家庭
阳刚	yánggāng	男らしくたくましい
贤惠	xiánhuì	気立てが良い
毫无疑问	háowú yíwèn	間違いない
职业发展	zhíyè fāzhǎn	キャリアアップ
求职	qiúzhí	求職
*中国青年报	Zhōngguó Qīngniánbào	中国青年報
问卷	wènjuàn	アンケート
受访者	shòufǎngzhě	回答者
男生	nánshēng	男子学生
招聘	zhāopìn	求人　募集する
启事	qǐshì	公示　お知らせ
歧视	qíshì	差別（する）
压迫	yāpò	圧迫する　押さえつける
顶梁柱	dǐngliángzhù	大黒柱

扛	káng	（責任や負担を）引き受ける
密歇根大学	Mìxiēgēn Dàxué	（米国）ミシガン大学
舒缓	shūhuǎn	落ち着く　ゆったりする
抑郁	yìyù	憂鬱である
全职	quánzhí	フルタイム　専任
奶爸	nǎibà	イクメン（育児に積極的な男性の通称）
没出息	méi chūxi	役に立たない　甲斐性のない
吃软饭	chī ruǎnfàn	ヒモになる
完善	wánshàn	整備する
育儿假	yù'érjià	育児休暇　育休
产假	chǎnjià	産休
补贴	bǔtiē	手当　補助金
发声	fāshēng	声を上げる
事业	shìyè	仕事
强势	qiángshì	強い
温柔	wēnróu	しとやかな
冲破	chōngpò	突破する

＊ 中国共産主義青年団の機関紙

❷ 本文をチャンクで読む

応用編のトレーニングの手順は次のとおりです。

①スマートフォンなどのタイマーをセットする。

応用編では各課ごとに、本文に目を通し、分析し、口頭での直訳を終える
までの目標時間を設定しています。

②本文に一通り目を通す。

③チャンクごとに分析する。

基礎編同様、述語となる動詞/形容詞や連体修飾語を構成する構造助詞の
"的"にしるしをつけて分析を行いましょう。

④チャンクごとの直訳を日本語で声に出して言う。

必ず声に出してトレーニングしてください。

第12課の目標時間は8分です。

さあ、トレーニングをスタートしましょう。

　　近年以来，有关性别问题的讨论越来越热烈。联合国为了促进性别平等，将可持续发展目标的第5项定为"实现性别平等，增强所有妇女和女童的权能"。联合国发布的《2020年世界妇女：趋势和数据》报告显示，虽然在教育、生育等领域，女性的生活有所改善，但女性花费在无偿的家务和护理工作的时间是男性的三倍，全球范围内女性议员的数量仍低于25%。实现性别平等还有很长的路要走。

　　生活中存在着各种各样的性别偏见：男孩玩汽车，女孩玩娃娃；男生理科好，女生文科好；男主外，女主内；男性要阳刚，女性要贤惠……这样的性别偏见毫无疑问影响了女性的就业范围和职业发展。在求职过程中，女性不时会被问到有关婚姻、家庭方面的问题。而根据中国青年报社会调查中心2016年的调查问卷，有超过一半的受访者遇到过"男生优先""只限男生"的招聘启事。许多有能力的女性受到歧视和限制，无法发挥自己应有的才能。

　　其实不只是女性，男性同样也受到了性别偏见的压迫。传统价值观要求男性在事业上取得成功，成为家庭的顶梁柱，再苦再累也要一个人扛。这样的标准导致男性产生很大的心理压力。密歇根大学的一项研究发现，男性由于较少寻求帮助或舒缓情绪，更容易出现长期抑郁。并且这种男性气质也使得很多男性不能全心全意地照顾家庭。很多人觉得全职奶爸就是没出息、吃软饭，这是奶爸们需要面对的主要压力。

　　要实现性别平等，消除性别偏见，需要政府推动制度建设，比如完善男性育儿假制度，产假期间给予补贴等措施。个人在遇到不平等对待时，也要勇敢地为自己发声，积极地寻求帮助。男女虽然有生理上的差异，但这并不能决定一个人的性格和能力。每一个人都可以选择事业或是家庭，强势或是温柔。希望在不久的将来，所有人都能冲破性别偏见，自由地选择自己喜欢的生活。

717字

* "男孩" と "玩" は音読時には通常 "儿化" して "男孩儿" "玩儿" となります。

Jìnnián yǐlái, yǒuguān xìngbié wèntí de tǎolùn yuè lái yuè rèliè. Liánhéguó wèi le cùjìn xìngbié píngděng, jiāng kě chíxù fāzhǎn mùbiāo de dì wǔ xiàng dìng wéi "shíxiàn xìngbié píngděng, zēngqiáng suǒyǒu fùnǚ hé nǚtóng de quánnéng". Liánhéguó fābù de "èrlíng'èrlíng nián shìjiè fùnǚ: Qūshì hé shùjù" bàogào xiǎnshì, suīrán zài jiàoyù, shēngyù děng lǐngyù, nǚxìng de shēnghuó yǒusuǒ gǎishàn, dàn nǚxìng huāfèi zài wúcháng de jiāwù hé hùlǐ gōngzuò de shíjiān shì nánxìng de sān bèi, quánqiú fànwéi nèi nǚxìng yìyuán de shùliàng réng dīyú bǎifēn zhī èrshíwǔ. Shíxiàn xìngbié píngděng háiyǒu hěn cháng de lù yào zǒu.

Shēnghuó zhōng cúnzài zhe gèzhǒng gèyàng de xìngbié piānjiàn: Nánhái wán qìchē, nǚhái wán wáwa; nánshēng lǐkē hǎo, nǚshēng wénkē hǎo; nán zhǔ wài, nǚ zhǔ nèi; nánxìng yào yánggāng, nǚxìng yào xiánhuì ⋯⋯ Zhèyàng de xìngbié piānjiàn háowú yíwèn yǐngxiǎng le nǚxìng de jiùyè fànwéi hé zhíyè fāzhǎn. Zài qiúzhí guòchéng zhōng, nǚxìng bùshí huì bèi wèndào yǒuguān hūnyīn, jiātíng fāngmiàn de wèntí. Ér gēnjù Zhōngguó Qīngniánbào shèhuì diàochá zhōngxīn èrlíngyīliù nián de diàochá wènjuàn, yǒu chāoguò yībàn de shòufǎngzhě yùdào guò "nánshēng yōuxiān""zhǐxiàn nánshēng" de zhāopìn qíshì. Xǔduō yǒu nénglì de nǚxìng shòudào qíshì hé xiànzhì, wúfǎ fāhuī zìjǐ yīngyǒu de cáinéng.

Qíshí bù zhǐshì nǚxìng, nánxìng tóngyàng yě shòudào le xìngbié piānjiàn de yāpò. Chuántǒng jiàzhíguān yāoqiú nánxìng zài shìyèshang qǔdé chénggōng, chéngwéi jiātíng de dǐngliángzhù, zài kǔ zài lèi yě yào yī ge rén káng. Zhèyàng de biāozhǔn dǎozhì nánxìng chǎnshēng hěn dà de xīnlǐ yālì. Mìxiēgēn Dàxué de yī xiàng yánjiū fāxiàn, nánxìng yóuyú jiàoshǎo xúnqiú bāngzhù huò shūhuǎn qíngxù, gèng róngyì chūxiàn chángqī yìyù. Bìngqiě zhèzhǒng nánxìng qìzhì yě shǐde hěnduō nánxìng bùnéng quánxīn quányì de zhàogù jiātíng. Hěnduō rén juéde quánzhí nǎibà jiùshì méi chūxi, chī ruǎnfàn, zhè shì nǎibà men xūyào miànduì de zhǔyào yālì.

Yào shíxiàn xìngbié píngděng, xiāochú xìngbié piānjiàn, xūyào zhèngfǔ tuīdòng zhìdù jiànshè, bǐrú wánshàn nánxìng yù'érjià zhìdù, chǎnjià qījiān jǐyǔ bǔtiē děng cuòshī. Gèrén zài yùdào bù píngděng duìdài shí, yě yào yǒnggǎn de wèi zìjǐ fāshēng, jījí de xúnqiú bāngzhù. Nánnǚ suīrán yǒu shēnglǐ shàng de chāyì, dàn zhè bìngbùnéng juédìng yī ge rén de xìnggé hé nénglì. Měi yī ge rén dōu kěyǐ xuǎnzé shìyè huòshì jiātíng, qiángshì huòshì wēnróu. Xīwàng zài bùjiǔ de jiānglái, suǒyǒu rén dōu néng chōngpò xìngbié piānjiàn, zìyóu de xuǎnzé zìjǐ xǐhuān de shēnghuó.

❸ 分析例と解説

1	近年以来，	1	
2	有关性别问题的讨论越来越 热烈 。	2	"热烈"は文脈により柔軟に訳せる単語です。ここでは「活発である」と理解しましょう。
3	联合国为了 促进 性别平等，	3	"为了"のフレーズの次には、具体的な方策等が記されます。
4	将可持续发展目标的第5项 定为 "实现性别平等，	4	"将" = "把" "实现性别平等，增强所有妇女和女童的权能"は、SDGsの目標5に掲
5	增强 所有妇女和女童的权能"。	5	げられた「ジェンダーの平等を達成し、すべての女性と女児のエンパワーメントを図る」です。
6	联合国发布的《2020年世界妇女：趋势和数据》报告 显示 ，	6	"显示"の前には情報源が、後にはその具体的内容が記されます。「〜によると」とすれば理解がスムーズです。
7	虽然在教育、生育等领域，	7	
8	女性的生活有所 改善 ，	8	"有所"は"有一定程度"という意味で、後ろに2音節の動詞を伴います。
9	但女性花费在无偿的家务和护理工作的时间 是 男性的三倍，	9	接続詞には常に注目してください。長い主語ですが、中心語は2つ目の"的"の後ろです。中国語の倍数の理解があいまいな人は確認しておきましょう。 A是B的3倍→AはBの3倍 A比B多3倍→AはBの4倍

10	全球范围内女性议员的数量仍低于25%。	10	"仍"＝"仍然"　　"低于〜"は「〜より低い」
11	实现性别平等还有很长的路要走。	11	"还有"の前が主語、後ろが目的語です。両方ともフレーズですので、気を付けましょう。
12	生活中存在着各种各样的性	12	
13	别偏见：	13	
14	男孩玩汽车，	14	
15	女孩玩娃娃；	15	
16	男生理科好，	16	"好"は「良い、優れている」と理解
17	女生文科好；	17	しましょう。
18	男主外，	18	
19	女主内；男性要阳刚，	19	"要"は助動詞、"阳刚"は形容詞です。助動詞は形容詞の前に置かれることもあります。ここでは「〜べきだ」という意味です。
20	女性要贤惠……	20	19に同じ。"……"は省略記号で、ここでは文の終わりを示します。
21	这样的性别偏见毫无疑问影响了	21	"毫无疑问"は、ここでは副詞として
22	女性的就业范围和职业发展。	22	機能し"影响"を修飾します。
23	在求职过程中，	23	
24	女性不时会被问到有关婚姻、家	24	"不时"は「たびたび」という意味の
25	庭方面的问题。	25	副詞です。
26	而根据中国青年报社会调查中心	26	ここの"而"は順接です。
27	2016年的调查问卷，	27	
28	有超过一半的受访者遇到过"男	28	
29	生优先""只限男生"的招聘启事。	29	
30	许多有能力的女性受到歧视和限制，	30	"许多有能力的女性"がこの後に続く２つのフレーズの共通する主語（主部）です。
31	无法发挥自己应有的才能。	31	"无法"＝"没有办法"
32	其实不只是女性，	32	"不只"＝"不但"　これは接続詞です。後ろのフレーズの"也"と呼応しています。

33	男性同样也受到了性别偏见的压迫。	33	
34	传统价值观要求男性在事业上取得成功，	34	"要求"の後ろは句点まで続く長い目的語フレーズです。3つのフレーズが続いています。
35	成为家庭的顶梁柱，	35	"顶梁柱"を知らなくても"柱"から意味を連想できます。
36	再苦再累也要一个人扛。	36	"再"と"也"の副詞の呼応表現です。「更に～でも～」
37	这样的标准导致男性产生很大的心理压力。	37	
38	密歇根大学的一项研究发现，	38	固有名詞を知らなくても全体の理解に影響がない場合もあります。"项"は"研究"の助数詞です。 "发现"の後にはその内容が記されますので、「～により分かったことは」とすると理解がスムーズです。
39	男性由于较少寻求帮助或舒缓情绪，	39	因果関係を示す"由于"をしっかり把握しましょう。
40	更容易出现长期抑郁。	40	
41	并且，	41	
42	这种男性气质也使得很多男性不能全心全意地照顾家庭。	42	"A使得B"で「AがBを引き起こす」"家庭"は「家庭」「ファミリー」「世帯」「家族」などと訳せます。
43	很多人觉得全职奶爸就是没出息、吃软饭，	43	
44	这是奶爸们需要面对的主要压力。	44	
45	要实现性别平等，	45	
46	消除性别偏见，	46	
47	需要政府推动制度建设，比如完善男性育儿假制度，	47	"需要"は動詞ですから、その後ろは目的語フレーズです。 "完善"には「完全である」と「完全なものにする＝整備する／改善する」という2つの意味があります。ここは後者の意味です。

48	产假期间 给予 补贴等措施。	48	"给予"＝"给／给与"
49	个人在遇到不平等对待时，	49	
50	也要勇敢地为自己 发声 ，	50	
51	积极地 寻求 帮助。	51	
52	男女虽然 有 生理上的差异，	52	
53	但这并不能 决定 一个人的性格和能力。	53	主語の指示代名詞"这"はすぐ前のフレーズを指します。
54	每一个人都可以 选择 事业或是家庭，	54	"事业"は「仕事」。　"选择"は次のフレーズまで掛かります。
55	强势或是温柔。	55	
56	希望 在不久的将来，	56	
57	所有人都能 冲破 性别偏见，	57	"希望"はこのセンテンスの最後まで掛かります。
58	拥有 选择自己喜欢的生活的自由。	58	"拥有"は「所有する／有する」などと訳せますが、抽象的なものについても用います。

翻訳例と解説は▶ p.152

4　音声を聞き、音読をして仕上げましょう

　センテンスごとにリピーティングし、音声ファイルの中国語をまねするつもりで音読してください。注意深く聴き、中国語らしいリズムの音読をすることで、読解だけでなく総合的な中国語の力がつきます。

🔊 12-02

5　練習問題

本文の内容を、中国語約100〜150字で要約してみましょう。

要約例は▶ p.167

第13課 食料安全保障

1 単語

 13-01

世界粮食日	Shìjiè liángshi rì	世界食料デー
民以食为天	mín yǐ shí wéi tiān	「民は食を以って天と為す」 庶民にとり食料問題は最も重要である
粮食安全	liángshi ānquán	食料安全保障
联合国	Liánhéguó	国連
指出	zhǐchū	指摘する
遭受	zāoshòu	～に見舞われる
饥饿	jī'è	飢餓
处于	chǔyú	（ある立場や状態）に置かれている
亚洲	Yàzhōu	アジア
非洲	Fēizhōu	アフリカ
位列	wèiliè	ランクされる
国计民生	guójì mínshēng	国民経済と国民生活
生活资料	shēnghuó zīliào	消費財
联合国粮农组织	Liánhéguó Liángnóng Zǔzhī	国連食糧農業機関（FAO）
耕地	gēngdì	耕作地
得益	déyì	利益
成本	chéngběn	コスト
收益	shōuyì	収益
诸如	zhūrú	例えば～など
生态环境	shēngtài huánjìng	生態系
食物浪费	shíwù làngfèi	食品ロス
餐饮	cānyǐn	外食
餐桌	cānzhuō	食卓　テーブル
商务	shāngwù	ビジネス

聚会	jùhuì	集まり　ミーティング
点餐	diǎncān	食事の注文
"光盘行动"	"guāngpán xíngdòng"	「食べ残しゼロキャンペーン」
粮食危机	liángshi wēijī	食料危機
厉行	lìxíng	励行する
杜绝浪费	dùjué làngfèi	無駄をなくす→食品ロスをなくす
至关重要	zhìguān zhòngyào	きわめて重要

❷　本文をチャンクで読む

　応用編のトレーニングの手順は次のとおりです。

①スマートフォンなどのタイマーをセットする。

　応用編では各課ごとに、本文に目を通し、分析し、口頭での直訳を終えるまでの目標時間を設定しています。

　時間内にできなくても落ち込む必要はありませんが、時間を意識したトレーニングは大切です。

②本文に一通り目を通す。

③チャンクごとに分析する。

　応用編では、より実践的に学ぶために、改行した文は用意してありません。しかし基礎編同様、述語となる動詞/形容詞や連体修飾語を構成する構造助詞の"的"にしるしをつけて分析を行いましょう。

④チャンクごとの直訳を日本語で声に出して言う。

　頭の中で訳すのと、その訳を声に出して言うのとは全く違います。本当に理解した内容しか声に出して言えないのです。つぶやく程度の声でかまいませんので、必ず声に出してトレーニングしてください。

第13課の目標時間は8分です。

　さあ、トレーニングをスタートしましょう。

10月16日是世界粮食日。民以食为天。粮食安全是世界和平发展的重要保障。联合国发布的《世界粮食安全和营养状况》指出，全球有近6.9亿人遭受饥饿，处于饥饿状态，饥饿人口占世界总人口8.9%。其中，亚洲的食物不足人数最多，为3.81亿，非洲位列第二，为2.5亿。

粮食不单是关系国计民生和国家经济安全的重要战略物资，也是人民群众最基本的生活资料。联合国粮农组织将粮食安全的目标定义为"确保所有的人在任何时候既能买得到又能买得起所需要的基本食品"。

中国目前的粮食生产基本完成了自给自足，但是粮食安全上依然具有巨大压力。这是因为中国地少人多。中国耕地总数约占世界耕地比重的10%左右，但却需要养育世界约22%的人口。中国的粮食之所以基本上满足了需要，还是得益于科学技术的进步，但近几年，科技成本在不断上涨，农业生产成本也逐年增多。农民收益也将直接影响粮食生产。

除此之外，粮食安全还面临着诸如生态环境、政策、粮食浪费等诸多方面的挑战。

不久前发布的《中国城市餐饮食物浪费报告》显示，中国城市餐饮业只餐桌食物浪费量就有1700万至1800万吨，相当于3000万至5000万人一年的食物量。主要原因是在朋友、商务聚会点餐中，更多注重"面子"而不是"肚子"。为了减少粮食浪费，多年前全国就开展了"光盘行动"，目的就是为了减少"舌尖上的浪费"。

食物浪费不光只是食物本身的浪费，更意味着生产这些食物所投入的水、土地、能源的无效消耗。

粮食危机是人类社会经常要面对的。有些国家目前已经陷入了粮食危机，而有些国家虽然粮食比较充裕，但是浪费现象仍然存在。根据联合国的统计，平均每九人当中就有一人忍受着饥饿。因此我们有必要厉行节约，杜绝浪费，树立粮食安全的意识。这对于保障国家粮食安全至关重要。

702字

Shí yuè shíliù rì shì shìjiè liángshi rì. Mín yǐ shí wéi tiān. Liángshi ānquán shì shìjiè hépíng fāzhǎn de zhòngyào bǎozhàng. Liánhéguó fābù de 《Shìjiè liángshí ānquán hé yíngyǎng zhuàngkuàng》 zhǐchū, quánqiú yǒu jìn liù diǎn jiǔ yì rén zāoshòu jī'è, chǔyú jī'è zhuàngtài, jī'è rénkǒu zhàn shìjiè zǒng rénkǒu bǎifēn zhī bā diǎn jiǔ. Qízhōng, yàzhōu de shíwù bùzú rénshù zuì duō, wéi sān diǎn bā yī yì, fēizhōu wèiliè dì èr, wéi èr diǎn wǔyì.

Liángshi bùdān shì guānxì guójì mínshēng hé guójiā jīngjì ānquán de zhòngyào zhànlüè wùzī, yě shì rénmín qúnzhòng zuì jīběn de shēnghuó zīliào. Liánhéguó liángnóng zǔzhī jiāng liángshi ānquán de mùbiāo dìngyì wéi "quèbǎo suǒyǒu de rén zài rènhé shíhòu jì néng mǎidedào yòu néng mǎideqǐ suǒ xūyào de jīběn shípǐn".

Zhōngguó mùqián de liángshi shēngchǎn jīběn wánchéng le zì jǐ zì zú, dànshì liángshi ānquán shàng yīrán jùyǒu jùdà yālì. Zhè shì yīnwèi Zhōngguó dì shǎo rén duō. Zhōngguó gēngdì zǒngshù yuēzhàn shìjiè gēngdì bǐzhòng de bǎifēn zhī shí zuǒyòu, dàn què xūyào yǎngyù shìjiè yuē bǎifēn zhī èrshí'èr de rénkǒu. Zhōngguó de liángshi zhī suǒyǐ jīběn shang mǎnzú le xūyào, háishì déyì yú kēxué jìshù de jìnbù, dàn jìn jǐ nián, kējì chéngběn zài bùduàn shàngzhǎng, nóngyè shēngchǎn chéngběn yě zhúnián zēngduō. Nóngmín shōuyì yě jiāng zhíjiē yǐngxiǎng liángshi shēngchǎn.

Chú cǐ zhīwài, liángshi ānquán hái miànlín zhe zhūrú shēngtài huánjìng, zhèngcè, liángshi làngfèi děng zhūduō fāngmiàn de tiǎozhàn.

Bùjiǔ qián fābù de 《Zhōngguó chéngshì cānyǐn shíwù làngfèi bàogào》 xiǎnshì, Zhōngguó chéngshì cānyǐnyè zhǐ cānzhuō shíwù làngfèi liàng jiù yǒu yī qiān qībǎi wàn zhì yī qiān bābǎi wàn dūn, xiāngdāng yú sānqiān wàn zhì wǔqiān wàn rén yīnián de shíwù liàng. Zhǔyào yuányīn shì zài péngyǒu, shāngwù jùhuì diǎncān zhōng, gèngduō zhùzhòng "miànzi" ér bùshì "dùzi". Wèi le jiǎnshǎo liángshi làngfèi, duōnián qián quánguó jiù kāizhǎn le "guāngpán xíngdòng", mùdì jiùshì wèi le jiǎnshǎo "shéjiān shàng de làngfèi".

Shíwù làngfèi bù guāng zhǐshì shíwù běnshēn de làngfèi, gèng yìwèi zhe shēngchǎn zhèxiē shíwù suǒ tóurù de shuǐ, tǔdì, néngyuán de wúxiào xiāohào.

Liángshi wēijī shì rénlèi shèhuì jīngcháng yào miànduì de. Yǒuxiē guójiā mùqián yǐjīng xiànrù le liángshi wēijī, ér yǒuxiē guójiā suīrán liángshi bǐjiào chōngyù, dànshì làngfèi xiànxiàng réngrán cúnzài. Gēnjù Liánhéguó de tǒngjì, píngjūn měi jiǔ rén dāngzhōng jiù yǒu yī rén rěnshòuzhe jī'è. Yīncǐ wǒmen yǒu bìyào lìxíng jiéyuē, dùjué làngfèi, shùlì liángshi ānquán de yìshí. Zhè duì yú bǎozhàng guójiā liángshi ānquán zhìguān zhòngyào.

③ 分析例と解説

1	10月16日\[是\]世界粮食日。	1	
2	民以食\[为\]天。	2	"以～为……"は「～をもって……とする」という意味で書き言葉にはよく用いられます。
3	粮食安全\[是\]世界和平发展\[的\]重要保障。	3	
4	联合国发布\[的\]《世界粮食安全和营养状况》\[指出\],	4	動詞"指出"の後にカンマがありますから、次のフレーズが"指出"の内容
5	全球\[有\]近6.9亿人遭受饥饿,	5	となります。
6	\[处\]于饥饿状态,	6	___ は目的語フレーズです。
7	饥饿人口\[占\]世界总人口8.9%。	7	
8	其中,	8	"其中"の後ろには具体的な内訳の記述があると理解してください。
9	亚洲\[的\]食物不足人数最\[多\],	9	
10	\[为\]3.81亿,	10	"为" = "是"
11	非洲\[位列\]第二,	11	
12	\[为\]2.5亿。	12	
13	粮食不单\[是\]关系国计民生和国家经济安全\[的\]重要战略物资,	13	"不单"は「～だけではなく」という意味の副詞です。
14	\[也是\]人民群众最基本\[的\]生活资料。	14	"基本"には「基本的」という意味以

114

			外に、「重要な」という意味もあります。
15	联合国粮农组织将粮食安全的目标定义为 "确保所有的人在任何时候既能买得到又能买得起所需要的基本食品"。	15	"将" = "把" "定义为"は「～と定义する」と理解してください。＿＿は目的語フレーズです。中心語を把握してから、連体修飾語を分析してください。
16	中国目前的粮食生产基本完成了自给自足，	16	"基本"は、ここでは「ほぼ」とするとスムーズに理解できます。
17	但是粮食安全上依然具有巨大压力。	17	
18	这是因为中国地少人多。	18	"地少人多"は1文字ずつの意味を考えれば容易に理解できます。
19	中国耕地总数约占世界耕地比重的10%左右，	19	
20	但却需要养育世界约22%的人口。	20	
21	中国的粮食之所以基本上满足了需要，	21	"满足"は「満たす」と理解してください。 "（之）所以～，是（因为）…"は、因果関係の原因や理由を強調する表現です。「～であるのは、…だからだ」。"之"や"因为"は省略することもあります。
22	还是得益于科学技术的进步，	22	
23	但近几年，	23	
24	科技成本在不断上涨，	24	"在"は副詞です。「～している」
25	农业生产成本也逐年增多。	25	
26	农民收益也将直接影响粮食生产。	26	
27	除此之外，	27	"此" = "这""这个""这些"
28	粮食安全还面临着诸如生态环境、政策、粮食浪费等诸多方面的挑战。	28	"诸如"は例として複数のものを列挙する時に用います。
29	不久前发布的《中国城市餐饮食物浪费报告》显示，	29	"显示"の前にはニュースソースとなるレポートやデータが示されることが多く、「～によると」と訳すと

	中国語		解説
			スムーズに理解できます。
30	中国城市餐饮业只餐桌食物浪费	30	
31	量就 有 1700万至1800万吨,	31	
32	相当 于3000万至5000万人一年 的 食物量。	32	"相当于"は「〜に相当する」 長い目的語フレーズです。
33	主要原因 是 在朋友、商务聚会点餐中， 更多注重 "面子" 而不是 "肚子"。	33	"而"は接続詞です。順接と逆説の両方の意味がありますが、ここは逆説です。
34	为了 减少 粮食浪费，	34	
35	多年前全国就 开展 了 "光盘行动"，	35	"舌尖上"は「（食べ物を味わう）舌
36	目的就 是 为了减少 "舌尖上的浪费"。	36	の先」から「食べ物」と理解できます。
37	食物浪费不光只 是 食物本身 的 浪费，	37	"不光"「〜だけではなく」という意味の副詞です。
38	更 意味 着生产这些食物所投入 的 水、土地、能源 的 无效消耗。	38	"无效"は「無効な、無益な」という意味ですから"无效消耗"は「無益な消費」→「無駄」と理解できます。
39	粮食危机 是 人类社会经常要面对的。	39	"是〜的"の強調構文です。
40	有些国家目前已经 陷入 了粮食危机，	40	
41	而有些国家虽然粮食比较 充裕，	41	ここの"而"は順接です。
42	但是浪费现象仍然 存在。	42	
43	根据联合国 的 统计，	43	
44	平均每九人当中就 有 一人忍受着饥饿。	44	
45	因此我们有必要 厉行 节约，	45	"有必要"はここでは助動詞として機能しています。
46	杜绝 浪费，	46	
47	树立 粮食安全 的 意识。	47	
48	这对于保障国家粮食安全至关 重要。	48	"至关"は副詞で、「きわめて」という意味です。

翻訳例と解説は ▶ p.155

❹ 音声を聞き、音読をして仕上げましょう

　センテンスごとにリピーティングし、音声ファイルの中国語をまねするつもりで音読してください。注意深く聴き、中国語らしいリズムの音読をすることで、読解だけでなく総合的な中国語の力がつきます。

 13-02

❺ 練習問題

　本文の内容を、中国語約100〜150字で要約してみましょう。

要約例は▶ p.167

第14課　電気自動車

1　単語

 14-01

温室气体	wēnshì qìtǐ	温室効果ガス
禁售	jìnshòu	販売禁止
燃油车	rányóuchē	ガソリン車
新能源	xīnnéngyuán	新エネルギー
挪威	Nuówēi	ノルウェー
电动车	diàndòngchē	電動自動車　EV
如期	rúqī	予定通りに
拟	nǐ	計画する
内燃机	nèiránjī	ディーゼル
落实	luòshí	実行する
净零排放	jìng líng páifàng	ネットゼロエミッション
华尔街日报	Huá'ěrjiē Rìbào	ウォールストリートジャーナル
锂	lǐ	リチウム
稀土	xītǔ	レアアース
行驶里程	xíngshǐ lǐchéng	航続距離　走行距離
优势	yōushì	優位性　強み　アドバンテージ
机油	jīyóu	エンジンオイル
清华大学	Qīnghuá Dàxué	清華大学
*[1] 京津冀	Jīng Jīn Jì	北京・天津・河北地域を指す略称
*[2] 长三角	Cháng Sānjiǎo	長江デルタ
*[3] 珠三角	Zhū Sānjiǎo	珠江デルタ
VOC	VOC	Volatile Organic Compound （揮発性有機化合物）
污染物	wūrǎn wù	汚染物質
臭氧	chòuyǎng	オゾン

强劲	qiángjìng	強い　優位の
研发	yánfā	研究開発　R&D
碰撞	pèngzhuàng	衝突する
起火	qǐhuǒ	発火する
能量密度	néngliàng mìdù	エネルギー密度
固态电池	gùtài diànchí	固体電池
成本	chéngběn	コスト
量产	liàngchǎn	量産
充电桩	chōngdiànzhuāng	充電スタンド
车主	chēzhǔ	車のオーナー
小区	xiǎoqū	団地
物业	wùyè	不動産　ここでは不動産管理会社を指す。
用电	yòngdiàn	電力消費
负荷	fùhè	負荷　ロード
扶持政策	fúchí zhèngcè	支援策
基础设施	jīchǔ shèshī	インフラ
行业	hángyè	業界

*¹ "京津冀" は "京津冀城市群" の略称。北京市と天津市及び河北省の一部の地域からなる中国の首都経済圏です。

*² "长三角" は "长江三角洲城市群" の略称。中国東部沿海地域の経済先進地域であり、中国最大の経済圏です。

*³ "珠三角" は "珠江三角洲" の略称。中国広東省の珠江河口に広がる広州市・仏山市・肇慶市・深圳市・東莞市・恵州市・珠海市・中山市・江門市からなる経済圏です。

❷ 本文をチャンクで読む

応用編のトレーニングの手順は次のとおりです。

①スマートフォンなどのタイマーをセットする。

応用編では各課ごとに、本文に目を通し、分析し、口頭での直訳を終えるまでの目標時間を設定しています。

時間内にできなくても落ち込む必要はありませんが、時間を意識したトレーニングは大切です。

②本文に一通り目を通す。

③チャンクごとに分析する。

応用編では、より実践的に学ぶために、改行した文は用意してありません。しかし基礎編同様、述語となる動詞/形容詞や連体修飾語を構成する構造助詞の"的"にしるしをつけて分析を行いましょう。

④チャンクごとの直訳を日本語で声に出して言う。

頭の中で訳すのと、その訳を声に出して言うのとは全く違います。本当に理解した内容しか声に出して言えないのです。つぶやく程度の声でかまいませんので、必ず声に出してトレーニングしてください。

第14課の目標時間は8分です。

さあ、トレーニングをスタートしましょう。

　　近年，为了减少温室气体的排放，全球多个国家先后宣布了禁售燃油车的计划，迫使新能源汽车的发展加快步伐。挪威提出了在2025年就实现全面电动化的目标，并且于2020年成为了第一个电动车销量超过燃油车的国家，极有可能如期达成目标。日本政府也拟于2035年前后禁止销售纯内燃机驱动的传统汽车，协助落实温室气体净零排放。

　　《华尔街日报》对比了电动车和燃油车从制造到使用寿命结束的温室气体排放量。在生产制造阶段，由于生产电池需要开采锂等金属和稀土，因此电动车的排放量比燃油车要多。然而随着行驶里程的增加，电动车逐渐显示出优势。电动车不需要加油或更换机油，排放量主要来自发电的过程。按照美国发电排放的平均水平计算，到使用结束时，电动车的排放量还不到燃油车的一半。

　　除了降低温室效应，电动车还可以改善空气质量，提高健康效益。清华大学环境学院吴教授针对京津冀、长三角、珠三角等中国的重点区域城市群进行了研究，发现推广电动车可以有效降低VOC等污染物的排放，改善PM2.5和臭氧污染，对城市人口密集区域的健康效益显著。

电动车产业虽然增长强劲，但是仍然存在多种问题。第一个是电池技术的研发。目前应用广泛的锂电池续航里程较短，充电时间长，在高温或碰撞条件下有起火的风险。很多企业开始研发能量密度高、更为安全的固态电池，但是成本较高，目前还很难达到量产。第二个是充电桩数量少。以我国为例，截至2020年年底，车桩比只约为3：1。有些车主申请在小区内安装充电桩，却被物业拒绝，理由是担心用电安全和用电负荷的问题。家庭充电桩的安装是制约电动车发展的难题。

针对这些挑战，多国出台了扶持政策，支持技术研发，完善基础设施。燃油车电动化已变为汽车行业未来发展的一种趋势。

697字

Jìnnián, wèi le jiǎnshǎo wēnshì qìtǐ de páifàng, quánqiú duō ge guójiā xiānhòu xuānbù le jìnshòu rányóuchē de jìhuà, pòshǐ xīn néngyuán qìchē de fǎzhǎn jiākuài bùfá. Nuówēi tíchū le zài èrlíng'èrwǔ nián jiù shíxiàn quánmiàn diàndòng huà de mùbiāo, bìngqiě yú èrlíng'èrlíng nián chéngwéi le dìyī ge diàndòngchē xiāoliàng chāoguò rányóuchē de guójiā, jí yǒu kěnéng rúqī dáchéng mùbiāo. Rìběn zhèngfǔ yě nǐ yú èrlíngsānwǔ nián qiánhòu jìnzhǐ xiāoshòu chúnnèiránjī qūdòng de chuántǒng qìchē, xiézhù luòshí wēnshì qìtǐ jìng líng páifàng.

"Huá'ěrjiē Rìbào" duìbǐ le diàndòngchē hé rányóuchē cóng zhìzào dào shǐyòng shòumìng jiéshù de wēnshì qìtǐ páifàng liàng. Zài shēngchǎn zhìzào jiēduàn, yóuyú shēngchǎn diànchí xūyào kāicǎi lǐ děng jīnshǔ hé xītǔ, yīn cǐ diàndòngchē de páifàng liàng bǐ rányóuchē yào duō. Rán'ér suízhe xíngshǐ lǐchéng de zēngjiā, diàndòngchē zhújiàn xiǎnshì chū yōushì. Diàndòngchē bù xūyào jiāyóu huò gēnghuàn jīyóu, páifàng liàng zhǔyào láizì fādiàn de guòchéng. Ànzhào Měiguó fādiàn páifàng liàng de píngjūn shuǐpíng jìsuàn, dào shǐyòng jiéshù shí, diàndòngchē de páifàng liàng hái bù dào rányóuchē de yībàn.

Chú le jiàngdī wēnshì xiàoyìng, diàndòngchē hái kěyǐ gǎishàn kōngqì zhìliàng, tígāo jiànkāng xiàoyì. Qīnghuá Dàxué huánjìng xuéyuàn Wú jiàoshòu zhēnduì Jīng Jīn Jì, Cháng Sānjiǎo, Zhū Sānjiǎo děng Zhōngguó de zhòngdiǎn qūyù chéngshì qún jinxing le yánjiū, fāxiàn tuīguǎng diàndòngchē kěyǐ yǒuxiào jiàngdī VOC děng wūrǎn wù de páifàng, gǎishàn PM èr diǎn wǔ hé chòuyǎng wūrǎn, duì chéngshì rénkǒu mìjí qūyù de jiànkāng xiàoyì xiǎnzhù.

Diàndòngchē chǎnyè suīrán zēngzhǎng qiángjìng, dànshì réngrán cúnzài duō zhǒng wèntí. Dìyī ge shì diànchí jìshù de yánfā. Mùqián yìngyòng guǎngfàn de lǐ diànchí xùháng lǐchéng jiào duǎn, chōngdiàn shíjiān cháng, zài gāowēn huò pèng zhuàng tiáojiàn xià yǒu qǐ huǒ de fēngxiǎn. Hěnduō qǐyè kāishǐ yánfā néngliàng mìdù gāo, gèng wéi ānquán de gùtài diànchí, dànshì chéngběn jiào gāo, mùqián hái hěn nán dádào liàngchǎn. Dì èr ge shì chōngdiàn zhuāng shùliàng shǎo. Yǐ wǒguó wéi lì, jiézhì èrlíng'èrlíng nián niándǐ, chē zhuāng bǐ zhǐ yuēwéi sān bǐ yī. Yǒuxiē chēzhǔ shēnqǐng zài xiǎoqū nèi ānzhuāng chōngdiàn zhuāng, què bèi wùyè jùjué, lǐyóu shì dānxīn yòngdiàn ānquán hé yòngdiàn fùhè de wèntí. Jiātíng chōngdiàn zhuāng de ānzhuāng shì zhìyuē diàndòngchē fāzhǎn de nántí.

Zhēnduì zhèxiē tiǎozhàn, duōguó chūtái le fúchí zhèngcè, zhīchí jìshù yánfā, wánshàn jīchǔ shèshī. Rányóuchē diàndòng huà yǐ biànwéi qìchē hángyè wèilái fāzhǎn de yī zhǒng qūshì.

▣3 分析例と解説

1	近年,	1	
2	为了 减少 温室气体 的 排放,	2	
3	全球多个国家先后 宣布 了禁售燃油车 的 计划,	3	"宣布"を"宣"という字から「宣言する」と置き換える人がいますが、「発表する」とした方が良い場合もあります。
4	迫 使 新能源汽车 的 发展 加快 步伐。	4	"使"は「使役・受身」のマークです。p.8 参照。
5	挪威 提出 了在2025年就实现全面电动化 的 目标,	5	副詞"就"はごく近い将来になされることを示します。
6	并且于2020年 成为 了第一个电动车销量超过燃油车 的 国家,	6	"第一个"は「第一の」→「最初の」と理解しましょう。

7	极有可能如期达成目标。	7	
8	日本政府也拟于2035年前后禁止	8	"于～"は、「～に、～において」
9	销售纯内燃机驱动的传统汽车,	9	"传统"は「伝統の」以外に「従来の」と訳せます。
10	协助落实温室气体净零排放。	10	
11	《华尔街日报》对比了电动车和燃油车从制造到使用寿命结束的温室气体排放量。	11	"对比了"の後ろから句点までが長い目的語ですが、目的語のコアの部分が"的"の後ろの中心語だと分かれば、理解に迷うことはありません。
12	在生产制造阶段,	12	
13	由于生产电池需要开采锂等金属和稀土,	13	因果関係を示す"由于"を意識しましょう。
14	因此电动车的排放量比燃油车要多。	14	
15	然而由于行驶里程的增加,	15	"然而"は逆説の接続詞です。
16	电动车逐渐显示出优势。	16	
17	电动车不需要加油或更换机油,	17	"加油"は「給油する」という動詞です。"加"だけを四角で囲んでもかまいません。
18	排放量主要来自发电的过程。	18	"来自"は「～から生じる」と理解するとスムーズです。
19	按照美国发电排放量的平均水平计算,	19	
20	到使用结束时,	20	
21	电动车的排放量还不到燃油车的一半。	21	
22	除了降低温室效应,	22	
23	电动车还可以改善空气质量,	23	"还"は前のフレーズの"除了"に呼応しています。
24	提高健康效益。	24	
25	清华大学环境学院吴教授针对京津冀、长三角、珠三角等中国的重点区域城市群进行了研究,	25	"京津冀""长三角""珠三角"は中国の主要な経済圏です。地名が分からなくても中心語"重点区域城市群"を把握できれば大意の理解には問題ありません。

26	发现 推广电动车可以有效降低 VOC等污染物的排放,	26	"发现"の後ろは目的語となるフレーズです。目的語フレーズの動詞は"降低"、主語は"推广电动车"です。
27	改善 PM2.5和臭氧污染,	27	
28	对城市人口密集区域的健康效益 显著。	28	
29	电动车产业虽然 增长 强势,	29	"虽然"の意味を正確に把握してください。
30	但是仍然 存在 多种问题。	30	
31	第一个 是 电池技术的研发。	31	この"第一个"の後ろには名詞がありませんから、6の意味とは異なり、「第1」という意味です。
32		32	
33	目前应用广泛的锂电池续航里程 较短,	33	中心語が少し長い点に注意してください。
34	充电时间 长,	34	
35	在高温或碰撞条件下 有 起火的风险。	35	
36	很多企业 开始 研发 能量密度高、更为安全的固态电池,	36	顿号"、"と逗号","を混同しないように注意しましょう。
37	但是成本 较高,	37	
38	目前还很难 达到 量产。	38	
39	第二个 是 充电桩数量少。	39	
40	以我国 为 例,	40	
41	截至2020年年底,	41	
42	车桩比只约 为 3：1。	42	
43	有些车主 申请 在小区内安装充电桩,	43	動詞"申请"の後ろは目的語です。"安装"は目的語となるフレーズの動詞です。
44	却 被 物业 拒绝,	44	"被"は「受身」のマークです。p.8参照。
45	理由 是 担心用电安全和用电负荷 的问题。	45	
46	家庭充电桩的安装 是 制约电动车发展的难题。	46	述語動詞が把握できれば容易に理解できるシンプルなセンテンスです。
47	针对这些挑战,	47	

48	多国 出台 了扶持政策,	48	48～50は"多国"が主語で、3つのフレーズが続きます。
49	支持 技术研发,	49	
50	完善 基础设施。	50	
51	燃油车电动化已 变 为汽车行业未来发展的一种趋势。	51	

翻訳例と解説は ▶ p.157

 音声を聞き、音読をして仕上げましょう

　センテンスごとにリピーティングし、音声ファイルの中国語をまねするつもりで音読してください。注意深く聴き、中国語らしいリズムの音読をすることで、読解だけでなく総合的な中国語の力がつきます。

5 練習問題

　本文の内容を、中国語約100～150字で要約してみましょう。

要約例は ▶ p.167

応用長文読解問題

これまでの学習の仕上げとして、応用長文読解問題に取り組んでみましょう。知らない語彙や四字熟語が出て来てもひるまずにチャンクごとに読み進めてください。

 本文

 15-01

　　中国美食文化源远流长。由于中国地大物博,各地区在气候、风俗习惯上存在着差异,因此饮食文化也形成了各色各样的风味。口味上有"南甜北咸东酸西辣"之说,菜系上又分为八大菜系:川菜、鲁菜、粤菜、闽菜、苏菜、浙菜、湘菜、徽菜。

　　浙菜中有一道菜叫"东坡肉",也是眉山和江南地区极具特色的传统名菜。东坡肉又叫滚肉、红烧肉,可谓是色香齐全,酥香味美,肥而不腻,深受人们喜爱。

　　相传东坡肉是北宋词人苏东坡所创制。现在人们一提起东坡肉,就会联想起苏东坡。苏东坡姓苏,名轼,字子瞻,又字和仲,号"东坡居士",世人称其为苏东坡。苏轼是北宋的官员、北宋中期文坛领袖、著名的文学家、书画家、词人。他的诗词题材广阔,清新豪健,独具风格,书法与绘画也是独步一时,被后人誉为"全才式的艺术巨匠"。苏轼的一生名声显赫、洒脱自如,但在官场上历经坎坷,触犯皇帝多次被贬去地方。

　　宋哲宗元祐四年,苏轼第二次到杭州任知州。当时江南地区正逢暴雨,大雨数日不停,太湖泛滥,庄田大片被淹没。苏轼在当地及早采取有效措施,疏浚西湖,筑堤建桥,使西湖面貌一新,使当地老百姓度过了难关。杭州的老百姓感谢苏轼的所作所为,众口夸赞他是贤明的父母官。当人们知道苏轼在徐州、黄州任职时最喜欢吃猪肉,于是过年时,

大家就送上猪肉来给他拜年。苏轼收到后，便指点家人将肉切成方块，烧得红酥鲜美，并且分送给疏浚西湖的民工们吃，大家吃后无不惊叹其味美，于是将苏轼送来的炖肉亲切地称为"东坡肉"。由此，东坡肉这道名菜则在江浙地区名声大噪。

苏东坡的诗词中，也有很多描写美食以及烹饪方法的作品。例如有名的《食猪肉诗》。南宋文学家周紫芝在《竹坡诗话》中介绍："东坡性喜嗜猪，在黄冈时，尝戏作《食猪肉诗》云：'慢着火，少着水，火候足时他自美。每日起来打一碗，饱得自家君莫管。'"

如今，人们烹饪东坡肉时，习惯先将肥瘦相间的带皮五花肉焯水后捞出，再将肉切成方块，然后放入锅内，加入水、葱姜、酱油、料酒、冰糖等调料，加盖小火炖煮2至3个小时，炖好捞出装入砂锅，再大火蒸30分钟。一道香喷喷、色香味俱全的东坡肉就出锅了。

美食文化代代相传。东坡肉这道传统名菜历经千年的传承，仍是刺激人们味蕾的佳肴，成为老百姓饭桌上的家常菜。

人间烟火气，最抚凡人心。一盘东坡肉，一碗白米饭，可以抚平我们日常的辛苦，让一天的忙碌与疲惫突然烟消云散，美食不仅是味蕾上的满足，还能治愈人心，创造乐趣。每人心中都有一道最治愈的美食，希望美食能为所有人带来抚慰、温暖和感动。

1020字

Zhōngguó měishí wénhuà yuán yuǎn liú cháng. Yóuyú Zhōngguó dì dà wù bó, gè dìqū zài qìhòu, fēngsú xíguàn shàng cúnzài zhe chāyì, yīncǐ yǐnshí wénhuà yě xíngchéng le gèsè gèyàng de fēngwèi. Kǒuwèi shàng yǒu "nán tián běi xián dōng suān xī là" zhī shuō, càixì shàng yòu fēn wéi bā dà càixì: Chuāncài、Lǔcài、Yuècài、Mǐncài、Sūcài、Zhècài、Xiāngcài、Huīcài.

Zhècài zhōng yǒu yīdào cài jiào "dōngpō ròu", yě shì Méishān hé Jiāngnán dìqū jí jù tèsè de chuántǒng míngcài. Dōngpō ròu yòu jiào gǔn ròu, hóngshāo ròu, kěwèi shì sè xiāng qíquán, sū xiāng wèi měi, féi ér bù nì, shēn shòu rénmen xǐài.

Xiāngchuán dōngpō ròu shì Běi Sòng círén Sū Dōngpō suǒ chuàngzhì. Xiànzài rénmen yī tíqǐ dōngpō ròu, jiù huì liánxiǎng qǐ Sū Dōngpō. Sū Dōngpō xìng Sū, míng Shì, zì Zǐzhān, yòu zì Hézhòng, hào "Dōngpō jūshì", shìrén chēng qí wéi Sū Dōngpō. Sū Shì shì Běi Sòng de guānyuán, Běi Sòng zhōngqī wéntán lǐngxiù, zhùmíng de wénxuéjiā, shūhuàjiā, círén. Tā de shīcí tícái guǎngkuò, qīngxīn háo jiàn, dújù fēnggé, shūfǎ yǔ huìhuà yě shì dúbù yīshí, bèi hòurén yùwéi "quáncái shì de yìshù jùjiàng". Sū Shì de yīshēng míngshēng xiǎnhè, sǎtuō zìrú, dàn zài guānchǎng shàng lìjīng kǎnkě, chùfàn huángdì duōcì bèibiǎn qù dìfāng.

Sòng Zhézōng yuányòu sì nián, Sū Shì dì èr cì dào Hángzhōu rèn zhīzhōu. Dāngshí Jiāngnán dìqū zhèng féng bàoyǔ, dàyǔ shùrì bùtíng, Tàihú fànlàn, zhuāngtián dà piàn bèi yānmò. Sū Shì zài dāngdì jízǎo cǎiqǔ yǒuxiào cuòshī, shūjùn Xīhú, zhù dī jiàn qiáo, shǐ Xīhú miànmào yīxīn, shǐ dāngdì lǎobǎixìng dù guò le nánguān. Hángzhōu de lǎobǎixìng gǎnxiè Sū Shì de suǒ zuò suǒ wéi, zhòngkǒu kuāzàn tā shì xiánmíng de fùmǔguān. Dāng rénmen zhīdào Sū Shì zài Xúzhōu, Huángzhōu rènzhí shí zuì xǐhuān chī zhūròu, yúshì guònián shí, dàjiā jiù sòng shang zhūròu lái gěi tā bàinián. Sū Shì shōudào hòu, biàn zhǐdiǎn jiārén jiāng ròu qiè chéng fāngkuài, shāo de hóng sū xiānměi, bìngqiě fēnsòng gěi shūjùn Xīhú de míngōng men chī, dàjiā chī hòu wú bù jīngtàn qí wèiměi, yúshì jiāng Sū Shì sònglái de dùnròu qīnqiè de chēngwéi "dōngpō ròu". Yóucǐ, dōngpō ròu zhè dào míngcài zé zài JiāngZhè dìqū míngshēng dàzào.

Sū Dōngpō de shīcí zhōng, yě yǒu hěn duō miáoxiě měishí yǐjí pēngrèn fāngfǎ de zuòpǐn. Lìrú yǒumíng de 《Shí zhūròu shī》. Nán Sòng wénxuéjiā Zhōu Zǐzhī zài 《Zhú pō shīhuà》 zhōng jièshào:"Dōngpō xìng xǐ shì zhū, zài Huánggāng shí, cháng xì zuò 《Shí zhūròu shī》 yún:'Mànzhe huǒ, shǎozhe shuǐ, huǒhou zú shí tā zì měi. Měirì qǐlái dǎ yī wǎn, bǎo de zìjiā jūn mò guǎn.'"

Rújīn, rénmen pēngrèn dōngpō ròu shí, xíguàn xiān jiāng féishòu xiāngjiàn de dàipí wǔhuāròu chāoshuǐ hòu lāo chū, zài jiāng ròu qiè chéng fāngkuài, ránhòu fàng rù guō nèi, jiārù shuǐ、cōng jiāng、jiàngyóu、liàojiǔ、bīngtáng děng tiáoliào, jiā gài xiǎohuǒ dùnzhǔ liǎng zhì sān gè xiǎoshí, dùn hǎo lāo chū zhuāng rù shāguō, zài dàhuǒ zhēng sānshi fēnzhōng. Yī dào xiāngpēnpēn、sè xiāng wèi jùquán de dōngpō ròu jiù chū guō le.

Měishí wénhuà dài dài xiāngchuán. Dōngpō ròu zhè dào chuántǒng míngcài lìjīng qiān nián de chuánchéng, réngshì cìjī rénmen wèilěi de jiāyáo, chéngwéi lǎobǎixìng fànzhuō shàng de jiāchángcài.

Rénjiān yānhuǒqì, zuì fǔ fánrén xīn. Yī pán dōngpō ròu, yī wǎn báimǐfàn, kěyǐ fǔpíng wǒmen rìcháng de xīnkǔ, ràng yī tiān de mánglù yǔ píbèi túrán yān xiāo yún sàn, měishí bùjǐn shì wèilěi shàng de mǎnzú, hái néng zhìyù rénxīn, chuàngzào lèqù. Měirén xīnzhōng dōu yǒu yī dào zuì zhìyù de měishí, xīwàng měishí néng wèi suǒyǒu rén dàilái fǔwèi、wēnnuǎn hé gǎndòng.

❷ 読解解説

1	中国美食文化源远流长。	1	"源远流长"は川の流れの比喩表現です。「源は遠く、流れは長い」"远"と"长"から意味を連想できます。
2	由于中国地大物博,	2	"地大物博"は文字からすぐ意味が分かります。
3	各地区在气候、风俗习惯上存在着差异,	3	
4	因此饮食文化也形成了各色各样的风味。	4	接続詞には常に注目しましょう。
5	口味上有"南甜北咸东酸西辣"	5	
6	之说,	6	
7	菜系上又分为八大菜系:	7	
8	川菜、鲁菜、粤菜、闽菜、苏菜、浙菜、湘菜、徽菜。	8	地名にはそれぞれ1文字の略称があります。北京は"京"、上海は"沪"、天津は"津"など、主要都市の略称は覚えておきましょう。
9	浙菜中有一道菜叫"东坡肉",	9	
10	也是眉山和江南地区极具特色的	10	"眉山"は四川省にあり、蘇東坡の出

	传统名菜。		身地です。
11	东坡肉又<u>叫</u>滚肉、红烧肉,	11	
12	<u>可谓</u><u>是</u>色香齐全,	12	"色"は見た目、"香"は味のことです。
13	酥香味美,	13	"酥"は柔らかくとろける、またはさくさくした歯ざわりを表します。
14	肥而不腻, 深<u>受</u>人们喜爱。	14	
15	相传东坡肉<u>是</u>北宋词人苏东坡所创制。	15	"词"は宋代に盛んだった"宋词"という詩の形式を言います。そこで"词人"は詩人とします。
16	现在人们一<u>提</u>起东坡肉,	16	
17	就会<u>联想</u>起苏东坡。	17	
18	苏东坡<u>姓</u>苏,	18	
19	<u>名</u>轼,	19	
20	<u>字</u>子瞻,	20	
21	又<u>字</u>和仲,	21	
22	<u>号</u>"东坡居士",	22	
23	世人<u>称</u>其为苏东坡。	23	
24	苏轼<u>是</u>北宋的官员、北宋中期文坛领袖、著<u>名</u><u>的</u>文学家、书画家、词人。	24	蘇軾＝蘇東坡ですが、役人としては本名の蘇軾で記されています。
25	他<u>的</u>诗词题材<u>广阔</u>,	25	
26	<u>清新豪健</u>,	26	
27	<u>独具风格</u>,	27	
28	书法与绘画也<u>是</u><u>独步一时</u>,	28	
29	被后人<u>誉</u>为"全才式的艺术巨匠"。	29	"后人"は"前人"の対義語です。「後人」⇔「先人」
30	苏轼的一生名声<u>显赫</u>、<u>洒脱</u><u>自如</u>,	30	
31	但在官场上<u>历经</u>坎坷,	31	接続詞"但"により、その前と後ろの対象が際立っています。
32	<u>触犯</u>皇帝多次<u>被贬</u>去地方。	32	むずかしい単語が続きますが、芸術家として評価された前の文と、役人としては不遇だった後の文が理解できれば概ね問題ありません。

			"知州"は地方の官職名です。"任"という動詞が捉えられれば、「～の任につく」と理解できますから"知州"の意味を知らなくても官職名と想像がつきます。
33	宋哲宗元祐四年，	33	
34	苏轼第二次到杭州任知州。	34	
35	当时江南地区正逢暴雨，	35	
36	大雨数日不停，	36	
37	太湖泛滥，	37	
38	庄田大片被淹没。	38	
39	苏轼在当地及早采取有效措施，	39	
40	疏浚西湖，	40	
41	筑堤建桥，	41	4字からなることばを怖がらず、1文字ずつ意味を考えましょう。
42	使西湖面貌一新，	42	
43	使当地老百姓度过了难关。	43	
44	杭州的老百姓感谢苏轼的所作所为，	44	
45	众口夸赞他是贤明的父母官。	45	"父母官"は昔の地方の役人のことです。特に親しみを込めた呼称というわけではありません。
46	当人们知道苏轼在徐州、黄州任职时最喜欢吃猪肉，	46	この"人们"は「杭州の人々」です。段落の最初に蘇軾が杭州に赴任したとありますので、この段落は杭州での事が書かれていると理解できます。
47	于是过年时，	47	
48	大家就送上猪肉来给他拜年。	48	
49	苏轼收到后，	49	
50	便指点家人将肉切成方块，	50	
51	烧得红酥鲜美，	51	"烧"は煮込むという意味です。"红酥"は「赤くつやつやと柔らかくしっとり」という意味です。
52	并且分送给疏浚西湖的民工们吃，	52	

53	大家吃后无不惊叹其味美,	53	"无不～" = "没有一个不～"
54	于是将苏轼送来的炖肉亲切地称 为 "东坡肉"。	54	
55	由此,	55	
56	东坡肉这道名菜则在江浙地区名 声大噪。	56	"噪"は「人々が大声で騒ぐ→盛んに 言う」という意味です。"名声大噪" を動詞として考えても差し支えな いと思います。
57	苏东坡的诗词中,	57	
58	也有很多描写美食以及烹饪方法 的作品。	58	
59	例如有名的《食猪肉诗》。	59	
60	南宋文学家周紫芝在《竹坡诗话》 中介绍:	60	
61	"东坡性喜嗜猪,	61	
62	在黄冈时,	62	
63	尝戏作《食猪肉诗》云:	63	ここの"云"は「雲」の簡体字ではあ りません。日本語でも「云」と書 き、「言う」という意味です。
64	'慢着火,	64	
65	少着水,	65	
66	火候足时他自美。	66	"火候"は「火加減」という意味です。 "他"は「調理中の肉」を指します。
67	每日起来打一碗, 饱得自家君莫管。'"	67	"自家" = "自己" "莫" = "不要"
70	如今,	70	
71	人们烹饪东坡肉时,	71	
72	习惯先将肥瘦相间的带皮五花肉 焯水后捞出,	72	この"习惯"は以下の"烹饪方法"全体 にかかると考えられます。"五花肉" は通常皮つきの豚バラ肉を指します。
73	再将肉切成方块,	73	
74	然后放入锅内,	74	
75	加入水、葱姜、酱油、料酒、冰 糖等调料,	75	
76	加盖小火炖煮2至3个小时,	76	"炖煮"は、弱火でじっくり柔らかく なるまで煮込むという意味です。

			"小火"は弱火。
77	炖好捞出装入砂锅,	77	
78	再大火蒸30分钟。	78	"大火"は強火。
79	一道香喷喷、色香味俱全的东坡肉就出锅了。	79	
80	美食文化代代相传。	80	
81	东坡肉这道传统名菜历经千年的传承,	81	
82	仍是刺激人们味蕾的佳肴,	82	"味蕾"は"味觉"と理解できます。
83	成为老百姓饭桌上的家常菜。	83	
84	人间烟火气,	84	"人间"は「この世の中」という意味です。
85	最抚凡人心。	85	
86	一盘东坡肉,	86	
87	一碗白米饭,	87	
88	可以抚平我们日常的辛苦,	88	
89	让一天的忙碌与疲惫突然烟消云散,	89	"烟消云散"="云消雾散"=「雲消霧散」
90	美食不仅是味蕾上的满足,	90	
91	还能治愈人心,	91	
92	创造乐趣。	92	
93	每人心中都有一道最治愈的美食,	93	
94	希望美食能为所有人带来抚慰、温暖和感动。	94	

翻訳例は▶ p.160

翻訳例と解説

本文

　　安东尼是①一只两岁大的金毛寻回犬，机灵活泼。②它饿了会自己叼着碗来找人喂饭，无聊了会自己衔着遛狗绳来找人散步。在外面散步看到小猫就会上去追，拽都拽不动，甚至能把人摔个趔趄。主人上班时，安东尼会感到孤单，会喜欢玩主人的鞋子，这可能是因为鞋子里有浓郁的主人味道吧。③据不完全统计，安东尼至今④已经⑤咬坏两双鞋子了。

翻訳例

　　アンソニーは２歳のゴールデンレトリーバーで、利口で活発な犬です。お腹がすくと自分でボウルをくわえてご飯をもらいに来ますし、退屈するとリードをくわえて散歩に連れて行ってもらいます。散歩中に子猫を見つけると追いかけて行き、リードを引っ張っても止められず、飼い主が転んでしまうことさえあります。飼い主が仕事にでかけると、アンソニーは寂しいらしく、よく靴をいじるのですが、たぶん靴に飼い主の強いにおいがするからでしょう。確かではありませんが、アンソニーはこれまで靴を２足だめにしてしまいました。

解説

①一只两岁大的金毛寻回犬

　　"只"は助数詞（量詞）です。"一"＋"量詞"はその後に続く名詞を特定しているだけですので、原則として訳しません。

②它

　　主語の"它"が何を指しているか明らかであれば、主語の訳出は省略し

ます。

③**据不完全统计**

　「不完全な統計によると」と訳しても間違いではありませんが、日本語表現としてはやや不自然です。

④**已经**

　「すでに」と訳せますが、その前に"至今"とありますので、省略できます。

⑤**咬坏**

　"咬"は、「かむ」「かじる」という意味で、"坏"はここでは"咬"の後ろに置かれた補語として機能し、よくない結果を招くという意味になります。すでに文中でアンソニーがどのような犬か読み手にはわかっていますので"咬"は特に訳出しませんでした。

第 2 課

本文

　①"吃了吗？"是北京人最接地气的一句问候语。"吃了吗？"不仅只是一句问候，而且还拉近了②邻里之间相互的距离。

　③俗话说："远亲不如近邻"。过去的老北京人住在四合院，如果做饭时④发现酱油没有了，⑤就会差使孩子去街坊借，邻里关系和气融融。

　如今，人们从四合院搬进了高楼，生活更方便了。但是，邻里关系也变得越来越疏远了。

翻訳例

　「ご飯済んだ？」というのは北京っ子に最もなじみのある挨拶です。「ご飯済んだ？」というのは単なる挨拶というだけではなく、ご近所との距離も縮めるのです。

　よく「遠くの親類より近くの他人」と言いますね。昔の生粋の北京っ子は四合院に住み、食事の支度をしていて醤油を切らしたのに気づくと、子ども

をお隣に使いにやって借りたものです。隣近所の関係はとても打ち解けて和やかなものでした。

　今、人々は昔ながらの四合院から近代的なビルに移り住み、生活は便利になりましたが、ご近所付き合いは少なくなってしまいました。

解説

① "吃了吗？"

　" "は中国語で"双引号　shuāngyǐnhào"と言い、翻訳する際は原則として、鍵かっこで対応します。クエスチョンマークは、実務的な翻訳では原則として用いません。

②邻里之间相互的距离

　これを直訳しますと、「近所の間の相互の距離」となります。とてもくどく感じられますので、ことばを整理する必要があります。翻訳例のようにするとすっきりしますし、原文の意味もあますところなく表現できていると思います。

③俗话说

　"俗话"は、通俗的なことわざのことです。ここで「ことわざに〜〜とあります」などと訳せればよいのですが、"俗话"は"谚语　yànyǔ"とも違いますから、そうもいきません。そこでここは「よく〜と言う」という表現を用いました。

④发现

　文字からの連想で、「発見する／した」と訳す人が多いのですが、「気がつく」「分かる」などと訳すこともあります。

⑤就

　文中に"就"とあると「すぐ／すぐに」と訳す人がいますが、ここは前のフレーズを受けて後ろのフレーズにつなげる役割を果たしていますので、訳出しません。

第3課

本文

蚌在河滩上晒太阳，刚张开壳，一只鹬就来啄它的肉。蚌马上合起自己的壳，夹住了鹬的嘴。鹬说："今天不下雨，明天不下雨，你就干死了！"蚌也对鹬说："你的嘴今天拔不出来，明天拔不出来，你就饿死了！"鹬和蚌僵持不下，①谁都②不肯③让对方一步，最后都被渔夫抓走了。

重庆市一小学生质疑："鹬的嘴被夹住了，④它们是怎么对话的呢？"课本出版社称，寓言故事重点在于讲道理，可以有一些夸张和想象。

翻訳例

ハマグリが河原でひなたぼっこをしていると、殻を開けたとたんシギがやって来てハマグリをついばんだ。するとハマグリはすぐに貝殻を閉じ、シギのくちばしをはさみこんだのだ。シギは「今日も明日も雨が降らないとお前は干からびて死んでしまうぞ」と言った。ハマグリもシギに向かって「お前のくちばしは今日も明日も抜けないぞ。飢え死にしてしまうんだ」と言う。シギとハマグリはにらみ合い互いに譲ろうとしなかった。と、最後には両方とも漁師に捕まってしまったのである。

「シギはくちばしを挟まれていたのに、どうやって話ができたんですか」重慶市の小学生がこうたずねると、教科書の出版社は次のように答えた。寓話というのは道理の説明に重点を置くので、いくらかの誇張や想像はあっても良い。

解説

①谁都

「誰も〜」とすると、３人以上の複数を連想することもありますので、ここは「互いに」と訳します。

②不肯

辞書の引きうつしで「すすんで〜しない」と訳しがちですから気を付け

ましょう。「〜しようとしない」と訳すと自然な表現になります。

③ **让对方一步**

"让步"は離合詞です。"让"と"步"の間に目的語や数詞が入ることで直訳的にならないように気を付けたいものです。

④ **它们是怎么对话的呢？**

"是〜的"の構文は「動作のなされた時間や場所などを強調する」という点は忘れないようですが、「その動作は既に行われたこと」であるということもしっかり覚えておきましょう。つまり"是〜的"の構文の時制は「過去」なのです。

第 4 課

本文

周末，去咖啡厅喝杯咖啡或去茶室喝杯茶，能够洗刷一周工作的疲惫。

我不太喜欢纯黑咖啡。即使去咖啡厅，不是点一杯焦糖玛奇朵，就是点一杯卡普奇诺，喜欢看着马克杯中的漂亮拉花。

①比起咖啡，我更喜欢去茶室品茶。对西湖龙井、安溪铁观音、云南普洱、洞庭碧螺春、祁门红茶等品种更是情有独钟。泡上一壶茶，一股茶香随着热茶的蒸汽袅袅上升，清香四溢。茶叶的苦涩与甘甜沁人心脾，使人舒缓放松。

②人们常说："人生，不过一杯茶。有浓有淡。"

品出茶中的浓淡正是品茶人的乐趣。

翻訳例

週末、オープンカフェでコーヒーを飲んだり、ティーサロンでお茶を楽しむと、1週間の疲れが癒されます。

私はブラックコーヒーがあまり好きではありません。カフェに行っても、キャラメルマキアートか、でなければカプチーノを注文します。マグカップ

の中のラテアートが好きです。

　コーヒーより、私はティーサロンでお茶を楽しむ方を好みます。西湖ロンジン茶・安渓鉄観音茶・雲南プーアール茶・洞庭ピロチュン、それからキームン紅茶などがことに気に入っています。お茶をいれ、熱いお茶の湯気とともにすがすがしいお茶の香りに包まれます。茶葉の苦みや渋み、そして甘味が心にしみわたり、ゆったりリラックスできるのです。

　よく「人生は一杯のお茶のようなもの。いろいろな味わいがある」と言います。

　様々なお茶を味わうことこそ、お茶好きのだいご味なのです。

解説

① **比起咖啡，我更喜欢去茶室品茶。**

　コーヒーとお茶を比較している文ですが、コーヒーは "咖啡" と名詞だけで、お茶は "去茶室品茶" とフレーズになっている点に違和感を覚える人もいるかもしれません。ここはコーヒーの部分がテーマを示していますので、この表現で良いのです。

② **人们**

　"人们" を「人々は」と訳さないように気を付けましょう。中国語を書く場合は、主語を明確にしなければなりませんので、"人们" が必要なのです。

　"人们" が主語になる場合は訳さないケースが多いかと思います。例えば "人们普遍认为～～" は、「一般的に～～と言われている」と訳されます。

第5課

本文

　随着互联网的发展，外卖已经成为了人们生活中重要的一部分。据央视称，①截至2020年，我国的外卖用户已②接近5亿人，最主要的消费人群是上班族和大学生。上班族工作繁忙，没有时间做饭，而大学食

堂大多开放时间有限，到了饭点更是人挤人。外卖便利快捷，省时省力，很好地满足了上班族和大学生的这些需求。

目前国内最大的外卖平台是美团和饿了么。根据最近中国外卖产业调查研究报告，外卖消费以美食和甜点饮品为主，快餐小吃在美食品类中占比③高达69.0%，其次为西餐、地方菜、海鲜烧烤等。

翻訳例

　インターネットの発展に伴い、フードデリバリーは人々の生活の重要な一部となった。中国の中央電視台によると、2020年現在、フードデリバリーの利用者は５億弱、会社員と大学生が主な消費者である。会社員は仕事が忙しく、食事を作る時間がないし、学生が利用する学食は営業時間が限られており、食事の時間は大変混雑する。フードデリバリーは便利で手っ取り早く、時間や手間がかからないことから、こうした会社員や大学生のニーズをうまく満たしているというわけだ。

　現在中国のフードデリバリー最大手はメイトゥアンとウーラマである。最近の中国フードデリバリー産業調査研究報告によれば、フードデリバリー消費のメインはグルメとスイーツ・ドリンク類で、ファストフードと軽食類はグルメのカテゴリー中69.0％も占めており、洋食・郷土料理・シーフードバーベキューなどが続く。

解説

① **截至2020年**

　「2020年まで」「2020年までに」と訳しても間違いではありませんが、時間を区切ってデータを示す場合でしたら、「〜現在」「〜の時点で」などとした方が意味を明確に伝えられます。

② **接近５亿人**

　「５億人近く」「５億人近い」としても間違いではありませんが、やや口語的です。「約５億人」とすると、５億以上も含まれることになり、誤訳になります。

③　**高达69.0%**

単に「69.0％に達する」と訳したのでは不十分です。"高达"は高さ（ここでは割合の高さ＝数字の大きさ）を強調する表現です。

第 6 課

冬季的哈尔滨银装素裹，松花江上①结了近半米多厚的冰。今年 1 月哈尔滨的平均最低气温达到零下25度左右，②室外也宛如一个天然的大冰箱。在这冰天雪地的冬日，阳光明媚，空气透着清爽，一年一度的哈尔滨国际冰雪节拉开了帷幕。

哈尔滨国际冰雪节创办于1985年。每年 1 月 5 日开始，为期一个月。③届时，在松花江、太阳岛等哈尔滨的主要景区将举办多种雪雕、冰灯游园会，以向游客展示精美绝伦的艺术创意。今年的冰雪节期间，各景区纷纷推出了丰富多彩的活动，例如冰雪摄影展、冰雕竞赛、冰球赛等活动。到了夜晚，各冰雕作品在绚丽灯光的衬托下，美轮美奂，勾勒出如梦如幻的效果，④吸引市民游客驻足。

冬のハルビンは一面の銀世界が広がり、松花江は厚さ50センチ近い氷で覆われる。今年 1 月、ハルビンの平均最低気温は約零下25度と、屋外はあたかも大きな天然の冷蔵庫のようであった。この凍てつくような冬の日、太陽がきらきら輝き、澄み切った空気の中、年に 1 度のハルビン国際氷雪祭りはその幕を開けたのである。

ハルビン国際氷雪祭りは1985年に始まった。毎年 1 月 5 日から 1 か月間行われる。この間、松花江や太陽島などハルビンの主な景勝地では様々な雪像や氷のランタンの催しが行われ、観光客にこの上もなく美しい芸術的なオリジナリティーあふれる作品を見せてくれる。今年はそれぞれの景勝地で氷や雪の写真展や氷の彫刻コンテスト、アイスホッケー大会などの多彩なイベントが行われた。夜になると、氷の彫刻がきらびやかな照明に映え、夢か幻のような効果を上げ、市民や観光客を魅了する。

① **结了近半米多厚的冰**

　"结冰" は離合詞です。ここの訳のポイントは "半米" を「0.5メートル」とせず「50センチ」とするところです。同じことなのですが、氷の厚さを表すのに、どちらが自然か考えてみましょう。

② **室外**

　"室内" は「室内」、"室外" は「室外」としても間違いではありません。しかし、これ以外の訳語候補がないと、表現に行き詰まることがあります。

③ **届时**

　「その時」しか訳語が思い浮かばないという人が多い単語です。「その折」「その節」などもありますが、文脈によって柔軟に訳を考えてください。

④ **吸引**

　訳しにくい単語の1つです。「引きつける」という訳語一択ではどうにもなりません。ここでは「魅了する」としましたが、他に「誘致する」などもよく使う訳語かと思います。

第 7 課

本文

　2019年上海市开始实施生活垃圾强制分类。全国其他城市也相继推出法规，启动垃圾分类。各地区的分类方式基本按照四分法，分为有害垃圾、可回收垃圾、厨余垃圾和其他垃圾。但是称呼略有不同。例如在上海，厨余垃圾被称为湿垃圾，其他垃圾被称为干垃圾。"湿纸巾是干垃圾？" "干果壳是湿垃圾？" 等等，如何分类令不少市民抓狂。

　除了分类问题，"破袋" 也是①影响市民垃圾分类积极性的一个因素。一些地区要求在投放厨余垃圾时将垃圾从塑料袋里分离出来，再将塑料袋扔到其他垃圾里。这是因为在后期处理过程中，塑胶制品会对堆肥和

沼气发电产生影响。许多居民②怕脏手，怕麻烦，连袋子也一起扔进厨余垃圾，增加了保洁员的负担。为解决③这一问题，一些小区在垃圾桶旁设置了洗手池和破袋用的剪刀。

翻訳例

　2019年に上海市で家庭ごみの強制分別が始まった。中国の他の都市も相次いで規制を導入し、ごみの分別を始めた。各地域の分類方法は基本的に4つに分別するもので、有害ごみ・リサイクル可能なごみ・生ごみ・その他のごみに分ける。しかし地域により言い方が少し異なる。例えば上海では、生ごみを湿ったごみ、その他のごみを乾いたごみと言う。「ではウェットティッシュは乾いたごみなのか」「ナッツ類の殻は湿ったごみなのか」など、ごみの分別に市民は困り果てている。

　分別の問題以外に、「袋を破る」問題がある。この問題は市民のごみ分別のやる気を削いでいるのだ。一部の地域では生ごみを捨てる際に、生ごみをポリ袋から出して捨て、ごみの入っていたポリ袋はまた別のごみの方に捨てるよう求めている。その理由というのはごみの後処理の過程で、プラスチック製品がコンポストやメタンガス発電に影響するからというものだ。多くの市民は手が汚れたり手間を嫌い、袋ごと生ごみを捨てるため、清掃員に負担がかかる。この問題を解決するため、一部の町内ではごみ入れの横に手洗い場を設け、ポリ袋を開けるためのはさみを用意した。

解説

①　**影响市民垃圾分类积极性**

　　"影响"は基本単語ですが、名詞としての認識が強すぎて、動詞の機能を忘れがちです。

②　**怕脏手，怕麻烦**

　　"怕"は「怖がる」「嫌がる」「弱い」「心配する」など様々な訳語が辞書にあります。では、"怕冷"は何と訳しますか？「寒がる／寒がりだ」ですね。辞書の訳語にこだわらず柔軟に訳す工夫をすべき単語です。

③ **这一问题**

"这一"は「この」と訳します。"这个"ではなく"这一"と書いてある
のは、その前の文やフレーズの内容を受けているからです。

第 **8** 課

本文

　　随着中国人的生活水平从温饱提高到小康，境外游已经从少数人的
"奢侈"变成了老百姓的兴趣爱好。

　　根据《2020中国出境旅游发展年度报告》，2019年出境游人数达到
1.55亿人次，①同比增长了3.3%。②2019年出境游目的地仍以港澳台三
地为众多游客的首选。

　　出境游的旅游方式近年也发生了变化。过去大多游客是"上车睡觉、
下车拍照"、③走马观花。如今，游客更注重深度游，深入体验异国风情
与文化。境外购物也从以往一下车就疯狂地"买买买"到目前精挑细选
地理智购物。曾经的"买马桶盖、背电饭锅"行为也④逐渐变成人们的
笑谈。

　　中国护照"含金量"的提升也促进了境外游的发展。目前已有72个
⑤国家和地区对中国公民提供免签或实施落地签，进而为中国公民组团
出境提供了方便。

　　中国人出境旅游也同时为世界带来利益。2019年出境游客在境外的
消费超过1338亿美元。一年1.55亿人次的庞大旅游人群为世界各国创造
出巨大商机。不少国家纷纷推出各式各样的特色旅游产品与服务，吸引
更多的中国游客。

翻訳例

　　中国人の生活が衣食に不自由しないレベルからややゆとりのあるレベルへ
向上するにつれて、海外旅行は少数の人の「贅沢」から庶民の関心事や趣味
に変わった。

　　「2020年中国海外旅行発展年度報告」によれば、2019年の海外旅行者数は
延べ１億5,500万人に達し、前年同期比3.3％増である。2019年の海外旅行の

一番人気はやはり香港・マカオ・台湾だ。

　海外旅行のスタイルも近年変化がみられる。以前は多くの旅行者が「車で寝て、車を降りて写真を撮り」、慌ただしく観光するだけであった。ところが今は、体験型旅行をより重視し、異国情緒や文化を深く味わうようになったのだ。海外での買い物も昔のように車を降りるなりクレージーな「爆買い」に走るのではなく、慎重に選び、落ち着いて賢く買うようになった。かつて見られた「温水洗浄便座を買い、電気炊飯器を背負う」などというのは笑いぐさになりつつある。

　中国のパスポートの「価値」が上がったことも海外旅行の発展を促した。現在、72の国と地域が中国国民にビザなしあるいはアライバルビザを許可しており、団体旅行が便利になった。

　中国人の海外旅行は同時に、世界にも利益をもたらす。2019年の中国人観光客の海外での消費は1,338億ドルを超えた。年間延べ1億5,500万人というとてつもなく多くの観光客は世界各国に巨大なビジネスチャンスをもたらした。多くの国が様々な特徴のある観光商品やサービスを打ち出し、より多くの中国人観光客を誘致している。

解説

①同比

　"同比"の訳語は、「前年同期比」「前年比」の二択です。

②2019年出境游目的地仍以港澳台三地为众多游客的首选

　理解は容易ですが、直訳では分かりにくい日本語になってしまいます。しかし翻訳に不慣れな場合は、最初から意訳をするのではなく、まず直訳をし、原義とずれのないように訳文を工夫してください。

③走马观花

　辞書の引きうつしではどうにもなりません。文脈に沿った柔軟な訳を考えましょう。

④逐渐变成人们的笑谈

　"逐渐"を「徐々に」、"人们的笑谈"を「人々の笑い話」と直訳し、そ

こからこなれた表現を工夫してください。

⑤国家和地区

「国と地域」「国や地域」と訳します。他の選択肢はないかと思います。

第9課

本文

　大熊猫憨态可掬，是中国的国宝。四川大熊猫栖息地于2006年被列入《世界遗产名录》，成为中国第32处自然遗产。总面积为①9245平方公里，是除热带雨林外植被种类最丰富的地区。这里生活着全世界30%以上的野生大熊猫，是全球最大、最完整的大熊猫栖息地，也是小熊猫、川金丝猴等濒危物种的栖息地。

　想在四川亲眼目睹大熊猫可爱的姿态，可以参观大熊猫的研究中心。其中，比较有名的是成都大熊猫繁育研究中心。在这里可以看到饲养员给大熊猫喂早餐，观察不同年龄段的大熊猫吃饭玩耍。成都大熊猫繁育研究中心离市区较近，交通便利，游客也比较多。②如果想避开拥挤的人群，可以去偏远一点儿的大熊猫研究中心雅安碧峰峡基地。基地内有许多高树，能看到大熊猫在树上休息。别看大熊猫圆滚滚的，爬起树来速度可不慢。

　大熊猫喜冷怕热，③最好选择气温凉爽的时候去。上午的大熊猫更加活泼好动，下午吃饱之后，大部分时间在懒洋洋地睡觉。熊猫幼仔通常在7月至9月出生，④如果想看粉嘟嘟的新生幼仔，⑤最好在这个季节来。

翻訳例

　ジャイアントパンダは無邪気で可愛らしく、中国の国宝である。中国四川省のジャイアントパンダの生息地は2006年に「世界遺産リスト」に加えられ、中国で32番目の世界自然遺産となった。総面積は9245平方キロメートルに達し、熱帯雨林以外では植生が最も多様な地域である。ここには世界の30%以上の野生のジャイアントパンダがおり、世界最大で最も自然な状態の生息地

146

であり、またレッサーパンダやキンシコウなど絶滅危惧種の生息地でもある。

　四川省でジャイアントパンダのかわいらしい姿を自分の目で見たければ、ジャイアントパンダの研究センターを見学してみよう。有名なのは成都パンダ繁殖研究センターである。ここでは、飼育員が朝食をやる様子を見たり、様々な年齢のパンダが食事をし、ふざけたりする様子を観察できる。成都パンダ繁殖研究センターは市街地から近く、交通の便がよいので、観光客も多い。もし人ごみを避けたいなら、少し市街地から離れるが、パンダ研究センター雅安碧峰峡基地が良いだろう。この基地内には高い樹木が多く、パンダが木の上で休んでいるのを見られる。パンダは丸々と太っているが、木登りのスピードはかなりのものだ。

　パンダは寒さを好み、暑いのが苦手なので、涼しい時期に行くと良い。午前中はとても活発に動き回るが、食事の後、午後はほとんどの時間だらだらと眠って過ごしている。パンダの子どもは通常7月から9月に生まれるため、可愛い生まれたばかりのパンダが見たければ、この季節に来るのをお勧めする。

解説

①9245平方公里

　このまま「9245平方キロメートル」としても間違いではありませんが、一般的に日本語は千以上の数字は、3桁ごとにコンマで区切り、「9,245平方キロメートル／9,245km²」と表記します。

②如果想避开拥挤的人群
④如果想看粉嘟嘟的新生幼仔

　"如果"とあると、すぐに「もし」と反応していませんか？もちろん間違いではありませんが、日本語は「もし〜なら」でも「〜ならば」でも仮定の表現ですので、必ずしも「もし」を書く必要はありません。

③最好选择气温凉爽的时候去
⑤最好在这个季节来

　"最好"は文字から意味を連想しやすいので、辞書を調べようともしない人が多いようです。「〜するのが最も良い」と訳すだけでは、非常に単

調な日本語表現になってしまいます。

第 10 課

本文

①上世纪90年代以来，中国的人口老龄化进程加快。据②《中国发展报告2020》分析，人口基数大、发展速度快是中国人口老龄化典型的特征。报告预测，中国③将在2022年左右，由老龄化社会进入老龄社会，届时65岁及以上人口将占总人口的14%以上。预计到2040年，65岁及以上老年人口占总人口的比例将超过20%。与此同时，老年人口高龄化趋势日益明显：80岁及以上高龄老人正以每年５%的速度增加，到2040年将增加到7400多万人。

伴随银发浪潮的到来,养老问题已经是成为关系经济发展的大问题。尽管国家全面放开二孩政策，但目前并没有使老龄化速度放缓,老龄化的速度持续加快。④人口老龄化使劳动适龄人口占总人口中的比例下降，一定程度上阻碍了经济发展。虽然中国的老龄化面对着各种挑战，但更有以老年服务产业为核心的多元产业发展的机遇,即银色经济时代已经到来。

例如：老年人对老年饮食、老年服饰、养生保健用品等均有较大需求。这些"银色产业"将在老年人需求的拉动下迅速发展，促进产业和经济结构调整。医疗保健仍是老年经济的主要部分，老年旅游、老年教育等文化上的需求也将形成商机。这不仅能满足老年人口的消费需求，还能形成新的经济增长点，推动经济发展。

老年人的今天就是每个人的明天。"老有所终"是中国人对理想社会的美好憧憬。能否为老年人提供完备的养老服务与保障，也是考验政府公共服务水平的关键。

翻訳例

　1990年代以降、中国の高齢化は加速した。「中国発展報告2020」の分析によれば、高齢者の多さと高齢化のスピードが、中国の高齢化の典型的な特徴である。報告書は、中国は2022年頃に高齢化社会から高齢社会となり、65歳

以上が総人口の14％以上を占めると予測している。2040年には、65歳以上の高齢者が総人口に占める割合は20％を超えるとする。と同時に高齢者の高齢化傾向はますます顕著になり、80歳以上の高齢者は年５％のスピードで増加し、2040年には7500万人あまりにまで増えると予想される。

　高齢化の波にともない、高齢者問題は経済の発展に関わる大きな問題となった。国が「二人っ子」政策の完全実施をしても、今のところ高齢化のスピードは緩やかになるどころか、加速し続けている。高齢化が生産年齢人口の割合を下げることから、経済発展をある程度妨げている。中国の高齢化は様々な課題に直面しているものの、高齢者サービス産業を中心とした多様な産業の発展にはより多くのチャンスとなっている。すなわちシルバー経済時代が到来したのだ。

　例えば、高齢者の食事・衣類・ヘルスケア用品などは大きなニーズがある。これら「シルバー産業」は高齢者のニーズにより急成長し、産業や経済の構造調整を促す。医療はやはり高齢者を対象とした経済のメインであるが、高齢者向け観光や教育等文化面のニーズもビジネスチャンスとなるであろう。これは高齢者の消費ニーズを満たすだけでなく、新たな経済の成長点を形成し、経済成長を推進するのである。

　高齢者の今日はすなわち私たちの明日である。「幸福な老後」は中国人の理想とする社会へのあこがれなのだ。高齢者に整ったサービスと保障を提供できるかどうかは、政府の公共サービスレベルを試す鍵でもある。

解説

①上世紀90年代

　時々「前世紀90年代」と訳す人がいますが、これでは日本語になっていません。「20世紀90年代」も同様にいけません。

②《中国发展报告2020》

　《　》は中国語で"书名号"と言いますので、当然書名に用いられますが、書名以外にも、新聞や雑誌の名称、法律の名称、映画のタイトルなどに用いられています。書名に用いられた場合は二重カギかっこ『　』で対応しますが、それ以外はケースバイケースです。

③将在2022年左右

　　"将"は書き言葉によく用いられます。ここの"将"は未来の時制を示しているだけですから、訳出しないこともあります。

④人口老龄化使劳动适龄人口占总人口中的比例下降

　　このフレーズが使役文だということはすぐにわかると思いますが、使役文を「～させる」と訳しては、いわゆる翻訳くさい、こなれない表現になってしまいます。

第 11 課

本文

　　1989年有一部美国科幻片《回到未来2》横空出世。电影中的主人公乘坐时光机到达的未来世界令人惊叹。但现在，电影中让人感到匪夷所思的画面都毫不稀奇了。电影中出现的视频对话、3D电影、指纹验证支付、悬浮滑板、可穿戴技术都①早已实现。使几十年前的科学幻想变为现实的就是当今的互联网科学技术。

　　从上世纪90年代至21世纪的今天，互联网给人们的生活带来了翻天覆地的变化。

　　拥有巨大信息量的互联网消除了信息壁垒。人们随时随地都能瞬时掌握世界各地资讯。尽管网络上的信息良莠不齐，需要甄别、筛选，但互联网仍是人们获得信息的重要手段。

　　互联网让人们的购物变得更加便捷。人们可以居家使用手机、电脑等设备轻松购物。金融科技的发展也促进了网络购物与支付。

　　互联网还丰富了人们的业余生活。网上看电影、欣赏音乐会、网上购票已渗透至人们的娱乐生活。互联网还扩大了人们的交友范围，微信等社交网站已成为人们生活中②不可或缺的一部分。

　　近年来，互联网和相关服务业可谓风生水起，利润持续保持两位数增长。各种便民服务应运而生。譬如：互联网医院推出远程诊疗；招聘平台上举办人才招聘会；金融机构提供网络理财、网贷、保险等各类互

联网服务。

　　未来的互联网将会如何发展？未来的互联网将做到何种极致？尽管目前还是未知数，但有一点毋庸置疑。那就是未来人们的生活也将离不开互联网。

翻訳例

　1989年、米国のSF映画「バック・トゥ・ザ・フューチャー PART2」が公開された。映画の主人公がタイムマシーンでたどり着いた未来の世界に人々は驚嘆したものだ。しかし、当時想像さえできなかったスクリーンの中の光景は、今やまったく珍しいものではない。テレビ電話・3D映画・指紋認証決済・ホバーボード・ウエアラブル技術はとうに実現している。数十年前のSFを現実にしたのは、現在のインターネット技術である。

　1990年代から21世紀の今日まで、インターネットは人々の生活にきわめて大きな変化をもたらした。

　膨大な情報量を有するインターネットは情報の壁を取り除いたのだ。人々はいつでもどこでも瞬時に世界各地の情報をキャッチできる。ネット上の情報は玉石混交であり、良し悪しを見分け、選別しなければならないにしても、やはり情報獲得の重要なツールなのだ。

　インターネットはショッピングをさらに便利にした。家にいてスマートフォンやパソコンなどを使い手軽にショッピングできるのだ。フィンテックの発展もオンラインショッピングとオンライン決済を促進した。

　同時に、インターネットは私たちのレジャーも豊かにした。ネットで映画を見たり、コンサートを鑑賞したり、チケットを買ったりするなど、レジャーライフに浸透した。また交友範囲も広げ、ウィーチャットなどSNSは生活に欠かせないものになっている。

　近年、インターネットとその関連サービス産業は大変な勢いで発展し、利益は２桁成長を維持し続けている。各種の市民サービスが生まれた。例えば、インターネット病院の遠隔診療や求人サイトでの就職説明会、金融機関では資産運用・ネットローン・保険等各種インターネットサービスを提供している。

　将来のインターネットはどのように変わっていくのだろうか。今後のインターネットはどのようなすごいことを実現するのだろう。今はまだわからないが、ひとつだけ疑う余地のない点がある。それは、これからの人々の生活

もインターネットと切り離せないということだ。

①早已

　"早已"を「とっくに」と変換して、それでよしとしている人は案外多いのです。正しい訳ですが、あまりにも口語的です。「とうに」「早くに」などの訳語も覚えておいてください。

②不可或缺

　単語欄でも紹介しましたが、"或"の意味を知らないままに「熟語」として覚えるだけでは学習の進歩はありません。"或"には、皆さんがよく知っている「あるいは」という意味以外に、書き言葉として「いささか」「少し」という意味があります。熟語を増やす努力も必要ですが、漢字1文字ずつの意味を知ることも大切です。

第 12 課

本文

　近年以来，有关性别问题的讨论越来越热烈。联合国为了促进性别平等，将可持续发展目标的第5项定为"实现性别平等，增强所有妇女和女童的权能"。①联合国发布的《2020年世界妇女：趋势和数据》报告显示，虽然在教育、生育等领域，女性的生活有所改善，但女性花费在无偿的家务和护理工作的时间是男性的三倍，全球范围内女性议员的数量仍低于25%。实现性别平等②还有很长的路要走。

　生活中存在着各种各样的性别偏见：男孩玩汽车，女孩玩娃娃；男生理科好，女生文科好；男主外，女主内；男性要阳刚，女性要贤惠……这样的性别偏见毫无疑问影响了女性的就业范围和职业发展。在求职过程中，女性不时会被问到有关婚姻、家庭方面的问题。而根据中国青年报社会调查中心2016年的调查问卷，有超过一半的受访者遇到过"男生优先""只限男生"的招聘启事。许多有能力的女性受到歧视和限制，无法发挥自己应有的才能。

其实不只是女性，男性同样也受到了性别偏见的压迫。传统价值观要求男性在③事业上取得成功，成为家庭的顶梁柱，再苦再累也要一个人扛。这样的标准导致男性产生很大的心理压力。密歇根大学的一项研究发现，男性由于较少寻求帮助或舒缓情绪，更容易出现长期抑郁。并且这种男性气质也使得很多男性不能全心全意地照顾家庭。很多人觉得全职奶爸就是没出息、吃软饭，这是奶爸们需要面对的主要压力。

要实现性别平等，消除性别偏见，需要政府推动制度建设，比如完善男性育儿假制度，产假期间给予补贴等措施。个人在遇到不平等对待时，也要勇敢地为自己发声，积极地寻求帮助。男女虽然有生理上的差异，但这并不能决定一个人的性格和能力。每一个人都可以选择事业或是家庭，强势或是温柔。希望在不久的将来，所有人都能冲破性别偏见，自由地有选择自己喜欢的生活。

翻訳例

近年、ジェンダー問題に関する議論がますます活発になっている。国連はジェンダー平等を促進するため、持続可能な開発目標（SDG s）の目標5を「ジェンダー平等の達成とすべての女性と女児のエンパワーメントを図る」とした。国連の「世界の女性2020：傾向と統計（The World's Women 2020: Trends and Statistics）」によると、教育や子育て等の分野において女性の生活はやや改善されたものの、女性が無償の家事労働や介護に費やす時間は男性の３倍であり、世界の女性議員数は25％に満たない。ジェンダー平等の実現にはまだ長い道のりがある。

暮らしの中には様々なジェンダーバイアスが存在している。男児は車のおもちゃで女児はお人形、男子学生は理系の、女子学生は文系の成績が良い、男は仕事で女は家庭、男性は男らしく女性は気立てが良くあるべきなどである。このようなジェンダーバイアスは女性の仕事の範囲やキャリアアップに間違いなく影響を与えている。就職活動の際、女性はしばしば結婚や家庭についての質問をされる。中国青年報社会調査センターの2016年アンケートによれば、回答者の半数以上が「男子学生優先」「男子学生限定」という求人情報を見ている。多くの有能な女性が差別や制限を受け、自分自身の然るべき才能を発揮できない。

実は女性だけではなく男性も同様にジェンダーバイアスに苦しめられている。伝統的な価値観は男性に仕事で成功すること、大黒柱になること、どんなに大変でもひとりで苦労を背負うことを求めるのだ。このような基準が男性に大きな心理的プレッシャーをもたらす。ミシガン大学の研究により、男性は助けを求めたり、気持ちを落ち着かせたりすることがあまりないため、長期的な抑うつ状態に陥りやすいのだと明らかになった。と同時に、こういう男らしさが、多くの男性から心から家族を大事にすることを妨げている。多くの人がフルタイムのイクメンは甲斐性なしのヒモだと思っており、このこともイクメンが向き合わねばならないプレッシャーである。

　ジェンダー平等を達成し、ジェンダーバイアスをなくすには、男性の育児休暇制度の整備や産休中の手当支給等、政府が制度構築を推進しなければならない。不平等な扱いを受けた際は、自分のために勇気を出して声を上げ、積極的に助けを求めることが必要である。男女には生理的な違いはあるが、これが性格や能力を決定するわけではない。一人ひとりが仕事か家庭か、強さか優しさかを選ぶことができる。近い将来、皆がジェンダーバイアスを打ち破り、自分の好きな生活を自由に選べるようになることを願う。

解説

①联合国发布的《2020年世界妇女 ：趋势和数据 》报告显示

　連体修飾語 "定语" に含まれる動詞は、しばしば訳さなくても問題ありません。このフレーズでは "发布" ですが、訳さなくても日本語としては同じ意味です。

②还有很长的路要走

　直訳するとぎこちない表現になりますから、注意しましょう。翻訳に不慣れであれば、「まだ行かなければならない長い道がある」と直訳し、それから原義とズレがないか気を付けながら訳を工夫しましょう。

③事业上取得成功

　"事业" は「事業」と訳すこともありますが、ここでは「仕事」と訳した方が適切でしょう。

第13課

本文

10月16日是世界粮食日。民以食为天。粮食安全是世界和平发展的重要保障。联合国公布的《世界粮食安全和营养状况》指出，全球有近6.9亿人遭受饥饿，处于饥饿状态，饥饿人口占世界总人口8.9%。其中，亚洲的食物不足人数最多，为3.81亿，非洲位列第二，为2.5亿。

粮食不单是关系国计民生和国家经济安全的重要战略物资，也是人民群众最基本的生活资料。联合国粮农组织将粮食安全的目标定义为"确保所有的人在任何时候既能买得到又能买得起所需要的基本食品"。

中国目前的粮食生产基本完成了自给自足，但是粮食安全上依然具有巨大压力。这是因为中国地少人多。中国耕地总数约占世界耕地比重的10%左右，但却需要养育世界约22%的人口。中国的粮食之所以基本上满足了需要，还是得益于科学技术的进步，但近几年，科技成本在①不断上涨，农业生产成本也逐年增多。农民收益也将直接影响粮食生产。

除此之外，粮食安全还面临着诸如生态环境、政策、粮食浪费等诸多方面的②挑战。

不久前发布的《中国城市餐饮食物浪费报告》显示，中国城市餐饮业只餐桌食物浪费量就有1700万至1800万吨，相当于3000万至5000万人一年的食物量。主要原因是在朋友、商务聚会点餐中，更多注重"面子"而不是"肚子"。为了减少粮食浪费，多年前全国就开展了"光盘行动"，目的就是为了减少③"舌尖上的浪费"。

食物浪费不光只是食物本身的浪费，更意味着生产这些食物所投入的水、土地、能源的无效消耗。

粮食危机是人类社会经常要面对的。有些国家目前已经陷入了粮食危机，而有些国家虽然粮食比较充裕，但是浪费现象仍然存在。根据联合国的统计，平均每九人当中就有一人忍受着饥饿。因此我们有必要厉行节约，杜绝浪费，树立粮食安全的意识。这对于保障国家粮食安全至关重要。

　10月16日は世界食料デーである。庶民にとり食の問題は最も大切だ。食料安全保障は世界の平和的発展のために重要な保障なのである。国連の「世界の食料安全保障と栄養の状況」は、世界で6.9億弱の人が飢えに見舞われ、飢餓状態に置かれており、飢餓人口は世界の8.9%を占めるとしている。そのうち、アジアの食料不足人口が最も多く3.81億人、アフリカは2位で2.5億人である。

　食料は国の経済と国民の生活および国家の経済安全保障にかかわる重要な戦略物資であるばかりか、国民の最も重要な消費財でもある。国連食料農業機関（FAO）は食料安全保障の目標を「すべての人が、いかなる時にも、必要な基本的食品を物理的にも経済的にも入手可能であることの確保」と定義している。

　現在中国の食料生産はほぼ自給自足を達成しているが、食料安全保障上依然として非常に大きな圧力がかかっている。それは中国の土地が少なく人口が多いためである。中国の耕作地は世界の耕作地の約10%を占めるが、中国は世界の約22%の人口を養わなければならないのである。中国の食料が基本的に足りているのは、やはり科学技術の進歩によるものであるが、近年科学技術のコストは上昇し続け、農業生産コストも年々増加している。農家の収益も食料生産に直接影響するのである。

　また、食料安全保障は、生態系・政策・食料廃棄物等多くの面の課題に直面している。

　先ごろ発表された「中国都市部飲食業食品ロスレポート」によると、中国の都市部の飲食業において、客に供された食品のロスだけで1,700〜1,800万トンあり、これは3〜5千万人の1年間の食品に相当する。その主な原因は、友人同士やビジネスの会食で料理を注文する際、「食べられる量」ではなく「体面」をより重んじるためである。食料廃棄物を減らすために、何年も前から中国全国で「食べ残しゼロキャンペーン」を展開しているが、その目的はすなわち「食べ物の無駄」を減らすことにある。

　食品ロスは単に食品そのものの無駄というだけではなく、それらの食品の生産に用いられた水や土地やエネルギーの無駄使いをも意味する。

　食料危機は人類が常に直面してきた問題である。一部の国は今現在すでに食料危機に陥り、また国によっては比較的余裕があるが、食品ロスはいずれ

にせよ存在している。国連の統計によれば、平均して9人に1人が飢餓に苦しんでいる。従って我々は節約を励行し、食品ロスをなくし、食料安全保障の意識を持たなければならない。こうすることが国の食料安全保障のうえで極めて重要である。

解説

①不断上涨

"不断"を「絶えず〜する」と置き換えるだけでは、翻訳には不十分です。

②挑战

辞書では「挑戦する」という語釈が見られますが、ここでは名詞として用いられ、「問題」「課題」などと訳すとしっくりくると思います。

③ "舌尖上的浪费"。

"舌尖上"が示すのは食品ですが、この文では"食物"を「食品」と訳しましたので、区別するために「食べ物」と訳しました。1つの文章の中で、同じ名詞に対し複数の訳語を用いたり、異なる名詞に対し同一の訳語を用いるのは避けたいものです。

第14課

本文

近年，为了减少温室气体的排放，全球多个国家先后宣布了禁售燃油车的计划，迫使新能源汽车的发展加快步伐。挪威提出了在2025年就实现全面电动化的目标，并且于2020年成为了第一个电动车销量超过燃油车的国家，极有可能如期达成目标。日本政府也拟于2035年前后禁止销售纯内燃机驱动的①传统汽车，协助落实温室气体净零排放。

《华尔街日报》对比了电动车和燃油车从制造到使用寿命结束的温室气体排放量。在生产制造阶段，随着生产电池需要开采锂等金属和稀土，因此电动车的排放量比燃油车要多。然而由于行驶里程的增加，电动车逐渐显示出优势。电动车不需要加油或更换机油，排放量主要来自发电

的过程。按照美国发电排放量的平均水平计算，到使用结束时，电动车的排放量还不到燃油车的一半。

　　除了降低温室效应，电动车还可以改善空气质量，提高健康效益。清华大学环境学院吴教授针对京津冀、长三角、珠三角等中国的重点区域城市群进行了研究，发现推广电动车可以有效降低VOC等污染物的排放，改善PM2.5和臭氧污染，对城市人口密集区域的健康效益显著。

　　电动车产业虽然增长强劲，但是仍然存在多种问题。第一个是电池技术的研发。目前应用广泛的锂电池续航里程较短，充电时间长，②在高温或碰撞条件下有起火的风险。很多企业开始研发能量密度高、更为安全的固态电池，但是成本较高，目前还很难达到量产。第二个是充电桩数量少。以我国为例，截至2020年年底，车桩比只约为３：１。有些车主申请在小区内安装充电桩，却被物业拒绝，理由是担心用电安全和用电负荷的问题。家庭充电桩的安装是制约电动车发展的难题。

　　针对这些挑战，③多国出台了扶持政策，支持技术研发，完善基础设施。燃油车电动化已变为汽车行业未来发展的一种趋势。

翻訳例

　近年、温室効果ガス排出削減のために、多くの国々がガソリン車やディーゼル車等の化石燃料自動車を販売禁止とする計画を発表し、新エネルギー車の開発を急がざるを得ない状況にある。ノルウェーは2025年の完全電動化という目標を掲げ、2020年に世界で最初の電気自動車の販売台数が化石燃料自動車を超えた国となったことから、計画どおりに目標達成する可能性は高い。日本政府も温室効果ガスのネットゼロエミッション実現に向け、2035年頃にはディーゼル駆動の従来型の自動車を販売禁止とする計画である。

　ウォールストリートジャーナルは、EVとガソリン燃料車の車両製造段階から車両を使い終わるまでの温室効果ガス排出量を比較した。製造段階においては、電池の生産にはリチウム等金属やレアアースの採掘が必要となるため、EVの排出量はガソリン車より多くなる。航続距離の延長に伴い、EVはその強みを徐々に示すのだ。EVは給油もオイル交換も必要なく、温室効果ガスは主として発電の過程で発生する。米国の発電の温室効果ガス排出量の平均で計算すると、車両を使い終わるまでのEVの温室効果ガス排出量はガ

ソリン車の半分にも満たないのである。

　EVは温室効果を削減するほか、大気の質を改善し、健康効果を高めることができる。清華大学環境学院の呉教授は、北京・天津・河北圏や長江デルタ・珠江デルタ等の中国の重点エリアの都市について研究し、EVの普及により、VOC等汚染物質の排出が減り、PM2.5やオゾンによる汚染が改善され、都市部の人口密集地域での健康効果は顕著であるとした。

　EV産業は力強く成長しているが、依然として多くの課題に直面している。第1に、電池技術の研究開発である。現在広く用いられているリチウム電池の航続距離は短く、充電時間が長く、高温や衝突により発火するリスクもある。多くの企業はエネルギー密度が高く、より安全な固体電池の開発を始めたが、コストが高いため現在はまだ量産できていない。第2に充電スタンドが少ないことだ。中国を例にとると、2020年末現在で、EVが3に対し充電スタンドは1の割合にとどまっている。一部のEVオーナーは団地に充電スタンドの申請をしたが、電気の安全性と電気の負荷が心配だという理由で管理会社に断られた。家庭用充電設備の設置がＥＶの発展を妨げる難題である。

　これらの課題に対し、多くの国が技術開発支援やインフラ整備の支援策を打ち出した。自動車業界にとり、ガソリン車の電動化は今後の展開のトレンドである。

解説

①传统汽车

　「伝統的な自動車」と訳す人はいないと信じたいところですが、目から入ってくる情報は強烈ですので、つい原文の漢字に引きずられがちです。1つの単語に常に2つ以上の訳語を用意するように心がけたいものです。

②在高温或碰撞条件下有起火的风险

　"在〜条件下"は「〜の条件下で」「〜の条件下において」などと直訳することも可能ですが、ここでは直訳しますとやや不自然な日本語表現になります。

③多国出台了扶持政策，支持技术研发，完善基础设施。

　このフレーズは、主語が1つ"多国"で、その後に続くフレーズは全て「動詞＋目的語」の構造です。このように分析がクリアになると、あいまいな翻訳には決してなりません。

本文

中国美食文化源远流长。由于中国地大物博,各地区在气候、风俗习惯上存在着差异,因此饮食文化也形成了各色各样的风味。口味上有 "南甜北咸东酸西辣" 之说,菜系上又分为八大菜系:川菜、鲁菜、粤菜、闽菜、苏菜、浙菜、湘菜、徽菜。

浙菜中有一道菜叫 "东坡肉",也是眉山和江南地区极具特色的传统名菜。东坡肉又叫滚肉、红烧肉,可谓是色香齐全,酥香味美,肥而不腻,深受人们喜爱。

相传东坡肉是北宋词人苏东坡所创制。现在人们一提起东坡肉,就会联想起苏东坡。苏东坡姓苏,名轼,字子瞻,又字和仲,号 "东坡居士",世人称其为苏东坡。苏轼是北宋的官员、北宋中期文坛领袖、著名的文学家、书画家、词人。他的诗词题材广阔,清新豪健,独具风格,书法与绘画也是独步一时,被后人誉为 "全才式的艺术巨匠"。苏轼的一生名声显赫、洒脱自如,但在官场上历经坎坷,触犯皇帝多次被贬去地方。

宋哲宗元祐四年,苏轼第二次到杭州任知州。当时江南地区正逢暴雨,大雨数日不停,太湖泛滥,庄田大片被淹没。苏轼在当地及早采取有效措施,疏浚西湖,筑堤建桥,使西湖面貌一新,使当地老百姓度过了难关。杭州的老百姓感谢苏轼的所作所为,众口夸赞他是贤明的父母官。当人们知道苏轼在徐州、黄州任职时最喜欢吃猪肉,于是过年时,大家就送上猪肉来给他拜年。苏轼收到后,便指点家人将肉切成方块,烧得红酥鲜美,并且分送给疏浚西湖的民工们吃,大家吃后无不惊叹其味美,于是将苏轼送来的炖肉亲切地称为 "东坡肉"。由此,东坡肉这道名菜则在江浙地区名声大噪。

苏东坡的诗词中,也有很多描写美食以及烹饪方法的作品。例如有名的《食猪肉诗》。南宋文学家周紫芝在《竹坡诗话》中介绍:"东坡性喜嗜猪,在黄冈时,尝戏作《食猪肉诗》云:'慢着火,少着水,火候足时他自美。每日起来打一碗,饱得自家君莫管。'"

　如今，人们烹饪东坡肉时，习惯先将肥瘦相间的带皮五花肉焯水后捞出，再将肉切成方块，然后放入锅内，加入水、葱姜、酱油、料酒、冰糖等调料，加盖小火炖煮2至3个小时，炖好捞出装入砂锅，再大火蒸30分钟。一道香喷喷、色香味俱全的东坡肉就出锅了。

　美食文化代代相传。东坡肉这道传统名菜历经千年的传承，仍是刺激人们味蕾的佳肴，成为老百姓饭桌上的家常菜。

　人间烟火气，最抚凡人心。一盘东坡肉，一碗白米饭，可以抚平我们日常的辛苦，让一天的忙碌与疲惫突然烟消云散，美食不仅是味蕾上的满足，还能治愈人心，创造乐趣。每人心中都有一道最治愈的美食，希望美食能为所有人带来抚慰、温暖和感动。

翻訳例

　中国の美食文化には長い歴史がある。中国は土地が広く物資が豊富で、各地の気候や風俗習慣も異なるため、さまざまな特色のある味わいの食文化が生まれた。味では「南は甘く、北は塩辛く、東は酸っぱく、西は辛い」と言い、代表的な料理には、四川料理・山東料理・広東料理・福建料理・江蘇料理・浙江料理・湖南料理・安徽料理の8種類がある。

　浙江料理に「トンポーロー」という料理があるが、これは眉山（現在の四川省）と江南地域の非常に特色のある有名な伝統的料理でもある。トンポーローは「滾肉（グンロー）」「紅焼肉（ホンシャオロー）」とも呼ばれ、見た目も味も完璧で、柔らかくとろけるような素晴らしい味で、脂はあるがしつこくなく、大変人気がある。

　トンポーローは北宋の詩人、蘇東坡が作ったと伝えられている。今、トンポーローと言えば、皆蘇東坡を思い浮かべるだろう。蘇東坡の姓は蘇、名は軾、字（あざな）は子瞻（しせん）、または和仲といい、「東坡居士（こじ）」と号した。蘇軾は北宋の役人であり、北宋中期の文壇をリードした人物であり、著名な文学者・書家・画家・詩人であった。その詩のテーマは幅広く、清新で力強く、独特の風格があり、書や絵画も北宋では抜きんでており、のちに「芸術万般の巨匠」と称えられた。蘇軾の一生は輝かしい名声を得、おおらかで自由だったが、役人としては幾度となく不遇に見舞われ、皇帝の機嫌を損ね、たびたび地方へ左遷された。

宋代の哲宗、元祐４年、蘇軾は２回目の杭州知事に着任した。当時、江南地域は暴雨にみまわれており、大雨が数日降り続き、太湖は氾濫し、広大な田畑が冠水した。蘇軾は現地で効果的な措置を早急に講じ、西湖を浚渫し、堤防を作り橋を架けたので、西湖の様子は一新し、現地の人々は難局を乗り越えたのであった。杭州の人々はその行いに感謝し、蘇軾を賢明な役人だと称賛した。杭州の人々は、蘇軾がかつて徐州（江蘇省）や黄州（湖北省）に赴任し、好物が豚肉だと知ると、旧正月には豚肉を贈り新年のあいさつをした。蘇軾はその豚肉を受け取ると、すぐ家人に、肉を角切りにしてから柔らかく美味しく煮るように言いつけ、西湖の浚渫工事をしていた労働者に食べさせた。皆そのおいしさに驚き、その肉の煮込み料理を「東坡肉　トンポーロー」と親しみを込めて呼んだ。ここから、トンポーローという料理は、今の江蘇省や浙江省で有名になったのである。

　蘇東坡の詩にも、美食や調理法が描かれている。例えば、有名な「食猪肉（豚肉を食す）」という詩がある。宋の文学者、周紫芝は『竹坡詩話』の中でこう紹介している。「蘇東坡は豚肉を好み、黄岡（湖北省）にいた頃、戯れに「食猪肉詩」を書いた。『とろ火で、水は少なめ、十分に煮れば、おのずと美味になる。毎日起きて１椀食べ、自分が満腹になれば、他人が何と言おうとかまわない』」

　現在、トンポーローは、たいてい次のように作られる。赤身と脂身が層になった皮つきの豚バラ肉をまず湯がいて取り出し、角切りにしてから鍋にいれ、水・長ねぎ・生姜・醤油・料理酒・氷砂糖などを加え、ふたをして弱火で２、３時間煮込み、柔らかく煮えたら、肉を土鍋に移し、さらに強火で30分蒸す。香りよく、見た目も味も申し分のないトンポーローの出来上がりだ。

　美食文化は代々継承される。トンポーローというこの伝統的な料理は千年を経て伝えられ、今も人々の味覚を刺激する美味であり、庶民の食卓にのぼる家庭料理になった。

　食事を煮炊きする匂いは私たちをほっとさせる。トンポーローにご飯があれば、日々の疲れが癒され、一日の忙しさや疲れを吹き飛ばしてくれる。美味しい食事は味覚を満足させるだけでなく、安らぎであり、楽しみである。皆の心にとっておきの癒しの料理があり、美食がすべての人に慰めと暖かさと感動を与えんことを願う。

第 1 課 (p.23)

① 安东尼　　机灵活泼　　孤单

② 安东尼会感到孤单，会喜欢玩主人的鞋子，

③1）它〔**饿了**〕会自己叼着碗来找人喂饭，〔**无聊了**〕会自己衔着遛狗绳来找人散步。

　2）主人上班时，安东尼会〔**感到**〕孤单，会喜欢〔**玩**〕主人的鞋子，这可能是因为鞋子里有浓郁的主人味道吧。

　3）安东尼至今已经〔**咬坏**〕两双鞋子了。

第 2 課 (p.29)

①四合院　　远亲不如近邻　　高楼

②邻里关系也变得越来越疏远了

③1）"吃了吗？" 不仅〔**只是**〕一句问候，而且还〔**拉近**〕了邻里之间相互的距离。

　2）过去的老北京人住在四合院，如果做饭时〔**发现**〕酱油没有了，就会〔**差使**〕孩子去街坊借，邻里关系和气融融。

　3）如今，人们从四合院〔**搬进**〕了高楼，生活更〔**方便**〕了。

① 蚌　　鹬　　渔夫

② 谁都不肯让对方一步，最后都被渔夫抓走了

②1） 蚌马上〔合起〕自己的壳，〔夹住了〕鹬的嘴。

　2） 鹬和蚌僵持〔不下〕，谁都〔不肯〕让对方一步，最后都被渔夫抓走了。

　3） 课本出版社〔称〕，寓言故事重点〔在于〕讲道理，可以〔有〕一些夸张和想象。

①咖啡　　品茶　　乐趣

②品出茶中的浓淡正是品茶人的乐趣。

③1） 〔即使〕去咖啡厅，不是点一杯焦糖玛奇朵，〔就是〕点一杯卡布奇诺。

　2） 泡上一〔壶〕茶，一〔股〕茶香随着热茶的蒸汽袅袅〔上升〕，清香〔四溢〕。

　3） 品出茶中的浓淡〔正是〕品茶人的乐趣。

① 外卖　　便利快捷　　省时省力

② 很好地满足了上班族和大学生的这些需求

③1） 上班族工作繁忙，〔没有〕时间做饭，而大学食堂大多开放时间有限，到了饭点更是〔人挤人〕。

　2） 外卖便利快捷，省时省力，很好地〔满足〕了上班族和大学生的这

些需求。

3）外卖消费〔**以**〕美食和甜点饮品为主，快餐小吃在美食品类中〔**占比**〕高达69.0%。

第 6 課 (p.61)

① 哈尔滨国际冰雪节　　主要景区　　丰富多彩的活动

② 在松花江、太阳岛等哈尔滨的主要景区将举办多种雪雕、冰灯游园会，以向游客展示精美绝伦的艺术创意。

③1）松花江上〔**结**〕了半米多〔**厚**〕的冰。

2）在这冰天雪地的冬日，阳光〔**明媚**〕，空气透着〔**清爽**〕，一年一度的哈尔滨国际冰雪节〔**拉开**〕了帷幕。

3）到了〔**夜晚**〕，各冰雕作品在绚丽灯光的衬托下，美轮美奂，勾勒出如梦如幻的〔**效果**〕，〔**吸引**〕市民游客驻足。

第 7 課 (p.69)

① 垃圾强制分类　　破袋　　塑料袋

② 全国其他城市也相继推出法规，启动垃圾分类

③1）各地区的分类方式基本〔**按照**〕四分法，〔**分为**〕有害垃圾、可回收垃圾、厨余垃圾和其他垃圾。

2）一些地区要求在投放厨余垃圾时将垃圾〔**从**〕塑料袋里分离出来，〔**再**〕将塑料袋扔到其他垃圾里。

3）许多居民〔**怕**〕脏手，〔**怕**〕麻烦，〔**连**〕袋子也一起扔进厨余垃圾，增加了保洁员的〔**负担**〕。

第 8 課　要約例　(p.79)

　　由于中国人生活水平的提高，境外游已经成为老百姓习以为常的爱好。2019年中国人出境游人数同比增长了3.3%，出境游的旅游方式也发生了变化。游客更注重体验异国风情与文化，而不是疯狂购买。中国人出境旅游同时为世界各国创造出巨大商机。

第 9 課　要約例　(p.85)

　　四川大熊猫栖息地于2006年被列入《世界遗产名录》。这里植被种类丰富，是全球最大、最完整的大熊猫栖息地。想看大熊猫可以参观大熊猫研究中心。成都大熊猫繁育中心的游客较多，可以观察大熊猫吃饭玩耍。雅安碧峰峡基地偏远一点，能看到大熊猫在树上休息。看大熊猫最好选择气温凉爽的时候。看熊猫幼仔最好选择 7 月至 9 月。

第 10 課　要約例　(p.92)

　　中国的人口老龄化进程加快。预计将在2022年左右，65岁及以上人口将占总人口的14%以上，2040年将超过20%。80岁及以上高龄老人到2040年将增加到7400多万人。

　　养老问题是关系经济发展的大问题。虽然中国的老龄化面对着各种挑战，但是关注并满足老年人的需求将形成商机，推动经济发展。

第 11 課　要約例　(p.100)

　　美国科幻片《回到未来2》中的指纹验证支付等科幻技术，现在都变为了现实。这要归功于互联网科学技术。

　　互联网给人们的生活带来了翻天覆地的变化。例如：消除了信息壁垒；让人们的购物变得更加便捷；丰富了人们的业余生活；扩大了人们的交友范围。未来人们的生活也将离不开互联网。

第 12 課　要約例　(p.109)

　　近年以来，有关性别问题的讨论越来越热烈。虽然女性的生活在某些领域有所改善，但是距离性别平等仍有距离。生活中存在着多种性别偏见，限制了女性的发展。男性同样也受到了性别偏见的压迫，心理压力很大。实现性别平等需要政府完善相关制度，个人也要积极为自己发声。希望将来每个人都能自由地选择喜欢的生活。

第 13 課　要約例　(p.117)

　　粮食安全是世界和平发展的重要保障。目前全球有近6.9亿人处于饥饿状态。粮食不单是关系国计民生和国家经济安全的重要战略物资，也是人民群众最基本的生活资料。中国目前的粮食生产基本完成了自给自足，但是粮食安全上依然具有巨大压力。除此之外，粮食安全还面临着诸如生态环境、政策、粮食浪费等诸多方面的挑战。

第 14 課　要約例　(p.125)

　　为减少温室气体的排放，多个国家宣布了禁售燃油车的计划。《华尔街日报》通过对比发现，到使用寿命结束时，电动车的温室气体排放量更少。电动车不仅可以降低温室效应，还能改善空气质量，提高健康效益。电动车产业目前存在电池技术不成熟、充电桩数量少等问题，但是多国已出台了政策扶持，燃油车电动化已成为发展趋势。

[著者紹介]

髙田裕子（たかだ　ゆうこ）

1957年静岡県生まれ。商社勤務を経て，中国語通訳・翻訳業に従事。
サイマル・アカデミー講師，桜美林大学非常勤講師，法政大学兼任講師。主な著書
に『日中・中日通訳トレーニングブック』（大修館書店），『日中・中日翻訳トレーニ
ングブック』（大修館書店），『中国語発音マスター』（大修館書店），『中国語新語ビ
ジネス用語辞典』（編著・大修館書店），『文法をしっかり学ぶ中国語』（池田書店），
『いちばんやさしい中国語会話入門』（池田書店）など。
通信制翻訳教室「高田先生の翻訳教室」代表　https://www.takada-translate.com
中国語学習専門ブログ『高田先生の中国語お悩み相談室』http://takadasensei.blog.
fc2.com更新中。

[中国語執筆協力者代表]

毛燕（サイマル・アカデミー講師　中国語通訳者・翻訳者）

[中国語執筆協力者]

辛夢婕（中国語翻訳者）

チャンクで攻略<ruby>こうりゃく</ruby>
中国語速読速解トレーニング<ruby>ちゅうごく ご そくどくそっかい</ruby>

© TAKADA Yoko, 2022　　　　　　　　　　NDC820／viii, 167p／21cm

初版第1刷 —— 2022年4月1日

編著者————髙田裕子（たかだゆうこ）
発行者————鈴木一行
発行所————株式会社 大修館書店
　　　　　　〒113-8541 東京都文京区湯島2-1-1
　　　　　　電話03-3868-2651（販売部）　03-3868-2293（編集部）
　　　　　　振替00190-7-40504
　　　　　　[出版情報] https://www.taishukan.co.jp

組版・装幀デザイン— 明昌堂
印刷所————藤原印刷
製本所————難波製本

ISBN978-4-469-23283-7　　Printed in Japan